Sabine Börchers

Als das Wirtschaftswunder zu uns kam

Kindheit und Jugend im Frankfurt der fünfziger Jahre

SOCIETÄTS**VERLAG**

Alle Rechte vorbehalten • Societäts-Verlag
© 2006 Frankfurter Societäts-Druckerei GmbH
Schutzumschlaggestaltung: Jutta Schneider, Frankfurt am Main
Satz: Societäts-Verlag, Tanja Heising
Herstellung: Jütte-Messedruck Leipzig GmbH
Printed in Germany 2006
ISBN-10: 3-7973-0990-2
ISBN-13: 978-3-7973-0990-7

Inhaltsverzeichnis

Vorwort

Rund 50 Jahre liegt die Ära der wirt-schaftlichen Euphorie nun zurück. Der Nachholbedarf nach dem Krieg, unzählige Arbeitswillige, der allgemeine wirtschaftli-che Aufschwung in Europa – viele Faktoren begünstigten damals die deutsche Entwick-lung und sorgten dafür, dass die Menschen an ein Wunder glaubten, vorbereitet von einem Mann: Ludwig Erhard. Kein anderer wurde so zum Symbol für die goldenen Zei-ten wie der gemütliche Dicke mit der Zigarre, der damals noch Direktor für Wirt-schaft, eine Art Wirtschaftsminister der Bizone, war und die Währungsreform einge-leitet hatte.

Wurde zuvor noch in Zigarettenwährung bezahlt, galten nun die harte Westmark und nach wie vor der Dollar. In Frankfurt hatte Erhard, was Beliebtheit und Beleibtheit anging, ein Pendant: Oberbürgermeister Walter Kolb, der schon beim Trümmerräu-men selbst Hand anlegte und auch sonst gerne zupackte. 1951 wählten ihn die Bür-ger zum populärsten Frankfurter noch vor dem Volksschauspieler Carl Luley, „Papa Hesselbach" alias Wolf Schmidt und Johann Wolfgang von Goethe.

Auch nach der Währungsreform wurden Weißbrot, Fett, Fleisch und Zucker zunächst noch zugeteilt. Doch die Geschäfte boten immer mehr Waren an, die die Menschen lange Jahre entbehrt hatten. In den von Kriegstrümmern einigermaßen befreiten Stadtteilen wurden Apfelsinen und Bananen gängige Artikel, die ersten Latscha- oder Konsum-Märkte ließen die Käufer staunend vor den langen Regalen stehen. Dank der Vollbeschäftigung konnten immer mehr Menschen auch zugreifen. Es ging endlich aufwärts. Frankfurt, zwar als Bundeshaupt-stadt gerade gegen Bonn unterlegen, wurde zur Stadt der Banken und damit der Jobs und Chancen. Sie wuchs wie keine andere deut-sche Großstadt und nutzte dank des Flugha-fens ihre internationalen Verbindungen.

Während die meisten Bürger sich das erste Radio oder gar einen Roller leisteten und am Wochenende im Palmengarten fla-nierten, schwelgten Industrielle und Unter-nehmer im Luxus. Zum Symbol für deka-dente Auswüchse des Wirtschaftsbooms wurde die Frankfurter Prostituierte Rosema-rie Nitribitt, deren Ermordung im Oktober 1957 in der damals biederen Bundesrepublik Aufsehen erregte. Denn für junge Mädchen war es in den Fünfzigern noch nicht einmal schicklich, mit Hose in die Schule zu gehen. „Als ich einmal in Shorts kam, also das war unheimlich verrucht", erinnert sich eine Frankfurterin des Jahrgangs 1935. Die Frei-

Christine Bünz jobbt als junges Mädchen regelmäßig auf den Frankfurter Messen. „Während ich auf der Herbstmesse 1957 Nähmaschinen vorführte, kam Wirtschaftsminister Ludwig Erhard vorbei", erinnert sie sich.

heit des Reisens ging da schon weiter. Denn kaum war die Fresswelle abgeflaut, setzte die Reisewelle ein. Nicht jeder Schulausflug hatte mehr die Wegscheide bei Bad Orb zum Ziel: „Wir haben Ende der fünfziger Jahre schon Klassenfahrten nach Venedig und Paris gemacht", berichtet ein Frankfurter.

Eine Zeit des Wandels, auch für die Kinder. Gerade noch spielten sie mit ihrem „Drehdobsch" oder Glasmurmeln auf den noch kaum befahrenen Straßen, schon kamen Kaugummi, Comics und Cola aus Amerika. So manches Mädchen schnitt sich nach den Vorbildern in Zeitschriften oder im Kino die langen Zöpfe ab. Gegen Ende der Fünfziger gehörte der Hula-Hoop-Reifen, von der Firma Hoechst hergestellt, zur Grundausstattung jedes Mädchenzimmers. Die Jungs gingen lieber zum Turnen, Boxen oder Ringen in den Sportverein. Oder sie spielten Fußball, der so populär war wie nie. Denn er verhalf den Deutschen durch das „Wunder von Bern", der gewonnenen Weltmeisterschaft 1954, nicht zuletzt zu einem kollektiven „Wir sind wieder wer"-Bewusstsein.

Wie aber erlebten die Frankfurter Kinder diese Zeit wirklich? Was blieb ihnen im Gedächtnis, und sehen sie ihre persönlichen Erfahrungen im Rückblick als glückliche Kindheit an? Die Leser der Frankfurter Neuen Presse erinnerten sich an ihre Jugendzeit und öffneten dafür ihre alten Fotoalben. Entstanden ist ein Kaleidoskop vieler sehr persönlicher und damit auch subjektiver Blickwinkel, das die Stimmung dieser Jahre aus der Sicht der Kinder einfängt, ohne einen Anspruch auf Vollständigkeit zu erheben. Ergänzt habe ich diese Blitzlichter der Zeit durch einige weitere Episoden und allgemeine Informationen über die Fünfziger in Frankfurt. Mein großer Dank gilt den zahlreichen fleißigen Autorinnen und Autoren, die sich an eine Menge Details aus ihrer Kindheit und Jugend erinnert haben. Ohne ihre Mitarbeit wäre ein solches Buch nicht möglich gewesen. Bei den meisten Details, die heute nur schwer nachzuprüfen sind, musste ich mich auf ihre Erinnerungen verlassen. Ich bitte daher, etwaige Ungenauigkeiten oder gar falsche Angaben zu entschuldigen. Die Erlebnisse liegen schließlich rund fünfzig Jahre zurück.

Sabine Börchers

11

1. Frankfurt –
eine Stadt im Wandel

Kurt Reimann fotografierte den Platz am Hauptbahnhof Anfang der fünfziger Jahre.
Rechts ist das Schumanntheater zu sehen, links daneben und auf der anderen Straßen-
seite das Carlton- und das Exelsior-Hotel. „Beide Häuser wurden von Amerikanern
bewohnt", berichtet der Fotograf, der zeitweise rechts neben dem Schumann-Theater
im „Visitors-Büro" der Amerikaner tätig war, in dem alle amerikanischen Reisenden
zunächst in Empfang genommen wurden, bevor sie ihr Hotel zugewiesen bekamen.

„Wenn ich an die Fünfziger denke, sehe ich die Kreuznacherstraße vor mir, mit Kopfsteinpflaster, das Hinterhaus mit dem Hof, in dem ‚lärmendes Spielen und Rad fahren‘ verboten war und die gefährliche Toreinfahrt vom Metzger Schreibweis, der zwei ekelhafte kleine Schnauzer hielt, die jeden ansprangen und anbellten, der es wagte, dort vorbeizugehen. Ich erinnere mich, dass ein paar Häuser weiter ein sehr kranker junger Mann, der das Haus nicht mehr verlassen konnte, wunderschön Akkordeon am offenen Fenster spielte. Und ich höre noch die Rufe: ‚Lumpen, Alteisen‘ und ‚Kartoffeln, schöne gäle Kartoffeln‘. Und manchmal warfen wir einen Groschen in den Hof, in dem ein Bettler Mundharmonika spielte“, schildert Juliane Zollmann, Jahrgang 1951, ihre Erinnerungen. Während in einigen Stadtteilen Frankfurts auch nach dem Krieg die ländliche Idylle vorherrschte und die Zeit stehen geblieben

Bornheimer Idylle: Noch 1959 sah es an der Johanniskirche in Alt-Bornheim so aus. Um die Kirche herum standen viele Bäume, in der Nachbarschaft gab es einen Ententeich, erinnert sich Gisela Hess.

Die Trümmer an der Nikolaikirche waren noch nicht beseitigt, doch das Leben musste weitergehen. Vor seinem Kleintransporter verkaufte ein Künstler seine Bilder – allesamt idyllische Bergansichten oder Blumen, ein Ausblick auf bessere Zeiten.

Kurz nach Ausbruch des Koreakrieges wurden auch in Frankfurt die Lebensmittel knapp, weil gehamstert wurde. Besonders Zucker und Öl waren begehrte Artikel für ängstliche Käufer. Im „Konsum" an der Eschersheimer Landstraße/Ecke Glauburgstraße entdeckte Kurt Reimann dieses Schild.

**In den Geschäften konnten die Kunden wieder aus dem Vollen schöpfen. Die Ein-
kaufswagen waren damals allerdings entsprechend der Nachfrage noch kleiner.**

**Eines der ersten
Motive Kurt Rei-
manns in Frankfurt:
Ein Schäfer lässt
seine Tiere in der
Nähe des Doms
grasen.**

zu sein schien, entwickelte sich vor allem die Innenstadt rasant. Ab 1953 hatte sich die Wohnungsnot entspannt. Während auf der einen Seite noch die Trümmer beseitigt wurden, wuchs auf der anderen schon das neue Haus. Frankfurt hielt nicht an den verlorenen Altbauten fest, man wollte Neues schaffen, eine moderne Großstadt errichten.

Einer, der die Veränderung der Stadt im Bild festhielt, war der Berliner Kurt Reimann, der mit 26 Jahren 1947 aus französischer Kriegsgefangenschaft nach Frankfurt gekommen war. „Vier Tage später hatte ich schon einen Job beim Fernsprechamt, wie es damals hieß. Und weil ich Schichtdienst hatte, konnte ich entweder vormittags oder nachmittags durch die Stadt streifen und fotografieren." Eines seiner ersten Fotomotive war ein Bild der Idylle mitten in der Stadt: Ein Schäfer, der seine Tiere zwischen den Trümmern am Dom grasen ließ. „Er wollte das Foto gerne haben und sagte mir, ich solle es in dem Dosengeschäft Sambel, Ecke Dreieichstraße, abgeben. Dabei wusste

1953 fotografierte Friedrich Büchners
Mutter ihren Sohn vor dem Hoch-
haus-Neubau an der Stresemannallee.
„Der Baum auf dem Bild hat heute
einen Durchmesser von rund 50 Zen-
timetern."

Friedrich Büchner, Jahrgang 1944, kam nach seiner Lehre als Elektriker 1971
in das neue AEG-Hochhaus, das zwanzig Jahre zuvor in Betrieb genommen
worden war. Es war mit dem ehemaligen AOK-Gebäude durch einen Anbau
verbunden.

Auch auf den Domturm kletterte Kurt Reimann, um das Frankfurt der fünfziger Jahre festzuhalten. Am Römer wurde noch ordentlich gebaut, der Rest blieb zunächst Brache.

Der Blick in die Bahnhofshalle zeigt, dass es schon in den fünfziger Jahren kleine Pavillons vor den Bahnsteigen gab. Das Bahnhofsrestaurant betrieb in der Halle eine Terrasse, von der aus die Gäste das Kommen und Abfahren der Züge beobachten konnten.

Blick vom Bahnhofsdach in die damals noch breite Kaiserstraße, durch die in der Mitte die Straßenbahn fuhr.

er noch nicht einmal, wie sich der Name schrieb. Ich habe es trotzdem gefunden." Schon bald wurde Reimann auch von Firmen auf der Straße angesprochen, „wenn ich mit Kamera und Stativ irgendwo stand, fiel das schon auf", und bekam die ersten Aufträge. Schließlich fotografierte der junge Mann für verschiedene Frankfurter Zeitungen, was sich in der Stadt tat. Und das war einiges:

So verfolgte er den Neubau des AEG-Hochhauses an der Friedensbrücke. „Ich

Ein Blick vom Domturm Richtung Norden zeigt, wie das Fernmeldehochhaus die übrige Bebauung überragt. Links dahinter ist der langgezogene
Poelzig-Bau zu erkennen, in dem zu dieser Zeit die Amerikanische Armee
ihr Hauptquartier hatte.

wollte von der Baustelle aus ein Bild von der Brücke machen und der Polier ließ mich aufs Dach hinauf. Plötzlich stand ich auf einem Balken über dem Abgrund und musste schon mit einem 500stel fotografieren, um das Bild vor lauter Zittern nicht zu verwackeln."

Friedrich Büchner, ein weiterer Zeitzeuge, war mehr als 30 Jahre lang bei der AEG beschäftigt und arbeitete lange in dem Gebäude am Main. „In das AEG-Gebäude sollte ursprünglich ein Bundesministerium einziehen, doch dann wurde Bonn Bundeshauptstadt", berichtet er. „Am 27. April 1951 zog die Zentralverwaltung West der AEG ein. Auf dem Luftbild erkennt man auch das ehemalige AOK-Gebäude, das 1930/31 erbaut wurde. Im 4. und 5. Stock

Ein Blick vom Dach des Hauptbahnhofes, die Kaiserstraße entlang in Richtung Innenstadt. Im Hintergrund rechts ragt der Dom auf, links daneben die Paulskirche. Das Bild entstand Mitte der fünfziger Jahre.

waren damals AEG-Büros und im Verbindungsbau zum Hochhaus war das Landesarbeitsamt untergebracht." Büchner erlebte als Elektriker Höhen und Tiefen seiner Firma und auch ihr Ende: „Am 9. Mai 1999 wurde das Hochhaus gesprengt, heute steht hier der Allianz Glaspalast."

Kurt Reimann blieb beim Fernsprechamt beschäftigt. Sein Arbeitsplatz war unter anderem der Hauptbahnhof. Dort arbeitete er im „Railway Transportation Office", abgekürzt RTO, für die Amerikaner. „Bei uns sammelten sich die Amerikaner, die versetzt und mit dem Zug nach Bremerhaven zur Verschiffung gebracht wurden. Es war wie ein Telefon-Shop, bei uns führten sie ihre Gespräche und gaben Telegramme in die Heimat auf." Da die meisten Fensterscheiben im Glasdach des Bahnhofs zerstört waren, regnete es herein. „Wir saßen oft mit Regenschirm am Tresen." Wenn Reimann hörte, dass sich etwas Besonderes im Bahnhof ereignete, rückte er sofort mit der Kamera aus. Dank eines Presseausweises erlaubte ihm der Bahnhofsvorsteher sogar, das Dach des Gebäudes zu erklimmen. „Es gab eine Wendeltreppe am Haupteingang, die bin ich hoch und habe in die Kaiserstraße hinein fotografiert, durch die noch die Straßenbahn fuhr."

Der Presseausweis verschaffte ihm sogar Zutritt zur Alten Oper, die noch lange in Trümmern lag. „Es war kompliziert, hineinzukommen. Und drinnen war es lebensgefährlich." Auch den Neubau des Fernmeldeamtes, mit seinen 54 Metern eines der ersten Hochhäuser der Stadt, hielt er fest. Das Haus wurde von 1953 bis 1956 auf dem Gelände der früheren Posthalterei hinter der Fassade des Thurn- und-Taxis-Palais erbaut. Es sollte auch Reimanns späterer Arbeitsplatz werden. „Das war damals der reinste Luxus. Weil die Banken repräsentative Gebäude hatten, wollte die Post ihnen nicht nachstehen. Innen war alles aus Marmor. Es gab eine Rohrpostanlage und den Garten hatte eine Blumen-Firma von der Freßgass' angelegt."

Einen Blick in die Ruine der Alten Oper durften nur die Wenigsten werfen. Kurt Reimann gelang es, auch wenn es sehr gefährlich war.

Auf dem Gelände des Palais Thurn-und-Taxis erbaute die Bundespost ab 1951 das Fernmeldehochhaus, das Frankfurt zur internationalen Zentrale des Fernsprechwesens und der Nachrichtenübermittlung machen sollte. Die 70 Meter hohe Stahlkonstruktion überragt das barocke Straßenportal (ganz rechts), das Einzige, was von dem Palais an der Großen Eschenheimer Straße übrig blieb.

Die Fenster kaputt, der Stuck abgeschlagen, einen so erbärmlichen Anblick bot die Alte Oper von innen auch noch in den fünfziger Jahren.

Frankfurts freundlichster Schupo stand an der Hauptwache vor dem Ende der fünfziger Jahre fertiggestellten Kaufhof.

Der Blick in die Zeil hinein Anfang der fünfziger Jahre wird von Ruinen beherrscht. Auch sie wurden genutzt, wo es nur ging. So prangte an der Ruine rechts eine große Leinwand mit der so genannten Frankfurter Lichtfunkzeitung, die den Passanten die neuesten Nachrichten überbrachte.

Auf der Zeil fotografierte Reimann noch die kleinen Baracken, in denen der Verkauf nach dem Krieg zunächst wieder aufgenommen wurde. Über ihren Behelfsdächern an der Ruine des Eckhauses zur Hauptwache prangte ein Lichtband, das den Frankfurtern die neuesten Nachrichten mitteilte.

Ende der fünfziger Jahre sind schon die Neubauten des Bekleidungsgeschäftes Ott & Heinemann, des Schuhgeschäftes Hako und des Kaufhofs an der Ecke Hauptwache zu erkennen. „Damals regelte dort Frankfurts freundlichster Schupo den Verkehr", erinnert sich Reimann. „Er stand immer elegant mit weißen Handschuhen auf seinem Podest auf der Keuzung Zeil/Große Eschenheimer Straße oder am Opernplatz. Weihnachten lag ein großer Stapel Geschenke zu seinen Füßen, die er von den Autofahrern bekam."

Zum Tag der offenen Tür fuhr Reimann mit einer Nachbarin zum Rhein-Main-Flughafen und fotografierte dort. „Damals konnte man noch an die Flugzeuge heran-

gehen und 'rumlaufen, wo man wollte." Günter Otto Werk, der im Februar 1952 für die skandinavische Luftverkehrsgesellschaft SAS am Flughafen arbeitete, schildert seinen Eindruck so: „Der Flughafen: großflächig und übersichtlich. Eine zivile und eine militärische Basis. Der zwergenhafte Beginn einer großartigen Zukunft. Das Terminal mit dem weißen Hochhaus. Fluglotsenausblick. Abflug- und Ankunftshalle.

Zum Tag der offenen Tür auf dem Flughafen fuhr Kurt Reimann mit seiner Nachbarin und fotografierte sie vor den Besuchern und einem der Flughafengebäude. „Die Dame ist mittlerweile 94 Jahre alt."

Fast die gleiche Aufnahme wie auf
Seite 34, nur wenige Monate später gemacht, zeigt erste Bautätig-
keit. Der Kaufhof entsteht.

Die Firma „Konsum" feierte in den fünfziger Jahren das 50-jährige Bestehen der Konsumgenossenschaft. Da wollte man auch den Kundinnen etwas bieten und lud zum Tag der offenen Tür mit hauswirtschaftlicher Beratung in die Zentrale in die Kleyerstraße ein, wie sich Kurt Reimann erinnert.

Zur Neueröffnung des „Konsum"-Lebensmittelgeschäftes im Marbachweg kam Oberbürgermeister Walter Kolb persönlich, begutachtete unter anderem die Spirituosen...

In Fußgängerreichweite die einzelnen Positionen für Flugzeuge. Und das Besucher-Café mit Gratisblick."

Kurt Reimann erhielt auch den Auftrag, die schöne neue Warenwelt für die Firma „Konsum" im Foto festzuhalten. Mal war es die Neueröffnung eines Marktes im Marbachweg, zu der eigens Walter Kolb die

prall gefüllten Regale inspizierte, mal die 50-Jahr-Feier des Unternehmens, das dazu die Kunden zu einem Volksfest auf den Firmensitz in der Kleyerstraße einlud.

Die Frankfurter versuchten, sich mit der neuen Konsumwelt vertraut zu machen. Nur die wenigsten erfüllten sich sofort ihre Wünsche. Zunächst wurde gekauft, was dringend

... und ließ sich werbewirksam vor dem Laden fotografieren.

notwendig war. „Zwar war bei den meisten Menschen das Geld immer noch knapp bemessen, und man kaufte zunächst auch nicht nur, weil die Verlockungen sehr groß waren. Viele Produkte wurden regelrecht dringend gebraucht, denn der Krieg hatte äußerst viel zerstört", schreibt Ursel Torff.

In der Rückschau erscheinen die Fünfziger den Zeitzeugen als eher unpolitische Zeit. „Politisch war ich damals nicht inte-

Vor dem Firmensitz in der Kleyerstraße hatte die Lebensmittelkette „Konsum" ihre Flotte an Lieferwagen aufgestellt. Man feierte das 50-jährige Bestehen des Unternehmens.

Die Regale waren wieder prall gefüllt. Haferflocken gab es damals für 49 Pfennig, Spaghetti für 44 Pfennig, einen Beutel Puddingpulver für 22 Pfennig.

Auch abends nach 22.30 Uhr war die Haltestelle Hauptwache noch gut ausgelastet von Nachtschwärmern und Kinobesuchern. An dem alten Wachgebäude stand damals eine Ladenzeile mit Kiosk und Parfümerie.

ressiert – der Nachholbedarf am Leben selbst war viel zu groß, schließlich waren mir mehrere Jahre durch Krieg und Nachkriegszeit verloren gegangen." So wie die damals jugendliche Ursel Torff dachten viele Frankfurter in ihrem Alter. Was vor allem zählte, war zunächst, den Alltag wieder herzustellen und dann, sich das Dasein materiell zu erleichtern. Das passierte jedoch erst nach und nach: „In den privaten Haushalten gab es selten Telefon, und so musste man stets, wenn man telefonieren wollte oder gar musste, zum nächsten öffentlichen Fernsprecher gehen – der dann mit etwas Glück funktionierte."

„Es wurde alles ‚auf Pump' gekauft", erinnert sich Gertrud Füller. „Die ersten Möbel waren ein Wohnzimmerschrank, ein Tisch, vier Stühle, ein geschenktes Sofa." Gekauft wurde zum Beispiel bei Möbel Gaul in der Hallgartenstraße. Auch die Kleidung gab es auf Kredit bei DeFaKa, dem Deutschen Familienkaufhaus zwischen Hauptwache und Kaiserstraße. „Alles auf Abzahlung, aber man hatte wieder etwas Gescheites." An ein Erlebnis mit ihren Eltern, mit denen sie frisch eingekleidet vom DeFaKa kam, denkt Gertrud Füller noch immer zurück: „Meine Eltern trugen jeder einen wunderschönen Kamelhaarmantel, einfach schick! Zu Fuß ging es von der Stadt bis zur Friedberger Landstraße, Ecke Rohrbachstraße. Mutti sagte, dass das Geld noch für ein Achtel Bohnenkaffee reiche. Also rein ins Café. Meine Eltern sahen gut aus durch die neuen Mäntel. Die Bedienung fragte: ‚Was wünschen die Herrschaften?' Meine Mutter schämte sich, ein Achtel Kaffee zu kaufen. Sie kratzte alles Geld zusammen und verlangte ein Viertel Kaffee. Es blieb kein Pfennig mehr übrig. Aber Kleider machen eben Leute."

Nachdem im Jahr 1950 die Lebensmittelrationierung per Karte eingestellt wurde, konnten Butter, Zucker und Fleisch wieder gekauft werden, so lange das Geld reichte.

Vom regelmäßigen Einkauf beim Lebensmittelgeschäft Gauft in der Hallgartenstraße 4 berichtet Gertrud Füller: „Im Laufe des Monats wurde jeder Einkauf angeschrieben. Ende des Monats, wenn Papa Lohn bekam, wurde alles beglichen. Dann ging es wieder von vorne los. Anschreiben war üblich."

Auf dieses Schmuckfoto ist Kurt Reimann besonders stolz.

Die Straßenbahnen an der Hauptwache fuhren unter anderem nach Oberursel, wie sich Kurt Reimann erinnert. Er nutzte sie viel, um seine Fotos pünktlich in den Redaktionen der Frankfurter Zeitungen abzuliefern. Dennoch ging man damals viel zu Fuß, auch weite Strecken. „Selbst wenn ein öffentliches Verkehrsmittel in Richtung Ziel fuhr, so fehlte meist das erforderliche Geld dafür. Vielen jungen Leuten ging es so; aber es machte niemandem etwas aus, man war daran gewöhnt", weiß Ursel Torff.

Die Katharinenkirche ragte Anfang der Fünfziger aus einer Trümmerlandschaft heraus. Im Hintergrund, rechts vom Eschenheimer Turm, entsteht das neue 12-stöckige Fernmeldehochhaus, das 1954 fertiggestellt wurde. Das Bild entstand vom Turm der Paulskirche aus.

1950

Das Jahr im Überblick

Februar:

- Mehr als 500 000 Einwohner leben in der Stadt – die Zuzugsperre wird aufgehoben.
  - 11.2.: Für die „134. und 135. Zuteilungsperiode" werden die letzten hellbraunen Lebensmittelmarken in Hessen ausgegeben. Die Bevölkerung hatte mehr als zehn Jahre lang mit den Lebensmittelkarten gelebt, die mit dem Kriegsbeginn im September 1939 eingeführt worden waren.

März:

- Mit 4154 Ausstellern, davon 1 139 aus dem Ausland, und 322 000 Besuchern übertrifft die Frühjahrsmesse alle Erwartungen. 15 % der Abschlüsse betreffen Export-, 7,5 % Importaufträge.

April:

- Nach einem Aufsehen erregenden Prozess wird einer der verrufensten unter den Frankfurter Gestapobeamten, Heinrich Baab, wegen „ungeheuerlicher Verbrechen und vollendeten Mords in fünfundfünfzig Fällen" zu lebenslangem Zuchthaus verurteilt.

Mai:

- Der nördliche Teil des Flughafens geht in deutsche Verwaltung über und wird ausgebaut.

Juni:

- Das völlig zerstörte Heilig-Geist-Hospital ist zu einem Teil instandgesetzt und kann jetzt 100 Patienten aufnehmen.

August:

- Richtfest am Dom.
- Seit August arbeitet in Frankfurt-Höchst die größte Anlage zur Penicillinherstellung in der Bundesrepublik.

September:

- Dritte Volkszählung nach dem Krieg: 532000 Einwohner (gerundet).
- Das Café Hauptwache ist wieder da.
- 6.9.: Wiedereröffnung der Westend-Synagoge.

Oktober:

- 27.10.: Der Kaufhof wird eröffnet.

Was sonst noch in Frankfurt wichtig war:

- Magistrat und Stadtverordnetenversammlung beschließen den Wiederaufbau des Römers.
- Gründung des Suhrkamp Verlages in Frankfurt. Schon im selben Jahr kann Peter Suhrkamp Werke von Hermann Hesse, Rudolf Alexander Schröder, Hermann Kasack, T.S. Eliot, Bernard Shaw und auch von Bertolt Brecht veröffentlichen.

Der Tresen des „Konsum" mit der Waage und den Bonbon-Gläsern erinnert stark an die alten Tante-Emma-Läden.

Kaputte Wände des Doms mussten zunächst durch Holzverkleidungen geschützt werden.

Kurt Reimann kam mittags vom Dienst, als er sah, dass vor einem Hotel am Hauptbahnhof/Ecke Münchner Straße Trümmer herabgefallen waren. Die Feuerwehr war schnell zur Stelle, um den Unfallort zu sichern. Reimann zückte die Kamera. „Das Foto war am nächsten Tag in der Zeitung."

Die Ruine des Schauspielhauses fotografierte Kurt Reimann von Süden her. Die Jugenstilfassade ist deshalb von innen zu sehen. „Es hat damals ewig gedauert, bis das Gebäude entkernt war", erinnert er sich. Nach dem Wiederaufbau wurde das „Große Haus der Städtischen Bühnen" 1951 wiedereröffnet. 1959 wurde es noch einmal umgebaut und bekam dabei eine moderne Fassade.

Von oben sah die Kleinmarkthalle früher tatsächlich noch aus wie ein überdachter Marktplatz. Damals war der „Bauch von Frankfurt" noch zwischen der Fahr- und der Hasengasse parallel zur Zeil angesiedelt, wie sich Kurt Reimann erinnert. Im Hintergrund seines Bildes ist die alte Konstablerwache zu erkennen. 1953/54 entstand auf dem hinteren Teil des Geländes das heutige Bienenkorb-Haus.

Das Bienenkorb-Haus

Der Frankfurter Architekt Johannes Krahns, Professor und Rektor an der Städelschule, entwarf Anfang der Fünfziger Jahre ein Laden- und Bürogebäude an der Konstablerwache. Er erhielt dafür den zweiten Preis in der Ausschreibung der Frankfurter Sparkasse von 1822, die an der exponierten Stelle an der Zeil bauen wollte. 1953/54 wurde der Entwurf, der als Torhaus zur Einkaufsmeile gedacht war, realisiert. Es entstand eines der frühesten Hochhäuser der Stadt. Der Name „Bienenkorb-Haus" stammt von dem Logo der Sparkasse von 1822, einem stilisierten Bienenkorb als Symbol für Fleiß und Sammeltätigkeit, das lange auf dem Dach leuchtete. Krahn baute in Frankfurt außerdem zwei Kirchen und war am Wiederaufbau der Paulskirche sowie an der Restaurierung des Städel nach dem Krieg wesentlich beteiligt.

Quelle: Crüwell, Konstanze: Von fast schwereloser Leichtigkeit – das Bienenkorb-Haus.
In: Janik, Detlev: Hochhäuser in Frankfurt. Wettlauf zu den Wolken. Frankfurt am Main, 1995

Das Innere des Doms war im Krieg völlig ausgebrannt, sämtliche Fenster und Dächer wurden zerstört. Der Wiederaufbau war 1953 abgeschlossen.

Zum Richtfest des Doms saßen unter anderem der katholische Stadtpfarrer Eckert (Zweiter von links) sowie Oberbürgermeister Walter Kolb (Vierter von links) in der ersten Reihe.

Erlebnisse auf Rhein-Main

„Da war nun die Hektik einer zeitlich sehr
begrenzten Luftfrachtabfertigung. Alles neu
und interessant. Die Kollegen ein zusammen-
gewürfelter Haufen. Sieben Jahre nach Kriegsende. Der Abteilungsleiter ein alter Ostfront-
kämpfer. Sein Vokabular bereichert von
unflätigen russischen Kraftausdrücken. Und
Anton aus dem Sudetenland. Zwangsweise
wurde er zum KZ-Bewacher bis zum Ende des
Krieges. Alfred, in meinem Alter, im Frühjahr
1945 saß er noch am Steuerknüppel einer ME
262. Das erste Düsen-Kampfflugzeug. Die
Arbeit: Schichtdienst. Flugzeuge fliegen zu
jeder Tages- und Nachtzeit, sonn- und feier-
tags. Die DC 3's der SAS waren das Rückgrat
der damaligen innerdeutschen Verbindungen.
Luftfracht war schon eine beträchtliche An-
zahl ganz unterschiedlicher Güter. Die Gold-
barren von der Degussa eine besondere Luftfracht. In kleinen Holzkisten ummantelt mit
Siegel. Ziel: Santiago de Chile. Wert ca.
20 000 Mark. Zu später Stunde direkt in die
Hände des Pursers. Das war der Ein-Mann-
Dienst. Allein. Die umliegenden Büros men-
schenleer. Das Flughafengelände weder
umzäunt, noch besonders abgesichert. Der
Schwanheimer-Wald ein paar hundert Meter
entfernt. Die hektische Arbeit ließ weder
Angst noch Bedenken aufkommen."

Quelle: Aus den Erinnerungen
von Günter Otto Werk

Der Blick auf das Flugfeld am Frankfurter Flughafen war in den fünfziger Jahren noch barrierefrei.

2. Kindheit zwischen Trümmern und Tante Jo

Ilse Hellwig (hinten rechts mit weißer Mütze) und die kleinen Strolche machten 1955 den zugefrorenen Main unsicher.

Die Nachkriegsgeneration wuchs nicht in der „heilen Welt" auf, die heute den Kindern gerne bereitet wird. Doch die Enge der Wohnsituation und das Fehlen von Spielsachen und -plätzen machte auch erfinderisch.

Es gab Anfang der fünfziger Jahre nur wenige heile Straßen in der Innenstadt, wie sich Gisela Hess aus Rödelheim erinnert: „Für uns Kinder waren Trümmer nichts Außergewöhnliches. Vermutlich dachten wir, sie gehörten zum Stadtbild. Ich kann mich noch erinnern, dass mir ein Blick in die düstere Schillerstraße immer ein bisschen unheimlich war. Wann kamen wir

Der Frankfurter Kaiserdom inmitten von Ruinen, wo einmal die aus mehr als 4000 Fachwerkhäusern bestehende Altstadt stand.

Der Wiederaufbau des Römers ging voran. Nebenan auf dem Römerberg standen Verkaufsbuden und versorgten die Frankfurter mit Obst und Gemüse, Zeitschriften und mehr.

Von der Maximilianstraße in Bornheim, wo die Schauspielerin Sibylle Nicolai geboren wurde, war es nicht weit in den Ostpark. Den für die Fünfziger typischen niedrigen Kinderwagen brauchte sie damals schon nicht mehr.

jedoch schon mal in die Innenstadt. Das war immer eine aufregende Sache. Die Familie war nach Friedrichsdorf im Taunus evakuiert und als uns in Frankfurt eine Wohnung angeboten wurde, packte mein Vater all unsere Habe auf einen Handwagen und zog gen Frankfurt. Aber – die Wohnung war aus unerfindlichen Gründen schon belegt, sodass wir schließlich bei seinem Bruder wie die Heuschrecken einfielen. Der wohnte damals in der Gronauer Straße und wird sich bestimmt gefreut haben, neben seiner Familie noch eine weitere zu beherbergen.

Sibylle Nicolai in einer Wohnung der fünfziger Jahre.

Als uns das Wohnungsamt schließlich eine Wohnung zuwies, wohnten eine Zeit lang meine Schwester mit Mann und Kind in einem Zimmer."

Sibylle Nicolai wurde in der Maximilianstraße in Bornheim geboren. Heute lebt die Schauspielerin wieder in Frankfurt und erinnert sich noch gut an ihre Kindheit: „Wir teilten unsere – natürlich noch mit Vorkriegsmobiliar ausgestattete – Wohnung, die im Krieg unversehrt geblieben war, mit ausgebombten Zwangsuntermietern, die das Schlafzimmer samt integriertem Frankfurter Bad okkupiert hatten. Ich wurde in einer Zinkbadewanne im Wohnzimmer gebadet. Oder wir gingen ins öffentliche Bad. Ich hatte jedoch eine Dusch-Phobie und habe jedes Mal die ganze Badeanstalt zusammengebrüllt. Montags war Waschtag. Da wurde die Wäsche im Keller in einem großen Dampfkessel gekocht. In gewissen Abständen

Renate Söhns als Zehnjährige (rechts) im Frühjahr 1949 mit ihren Freundinnen Christa und Angela in der Breitlacherstraße: „Ich wollte Anemonen in einer Blechbüchse zum Rödelheimer Friedhof bringen, es gab ja damals kaum Vasen. Ein Fotograf hielt diesen Augenblick fest – und so bleibt eine Erinnerung an uns ,Straßenkinder'."

Für die Kinder war der Wäldchestag etwas Besonderes. Es gab Karussells, die beim Mainfest oder auf der Dippemess' nicht zu finden waren. Für die Älteren gab es sogar schon einen Autoscooter mit einer Holzbahn.

mussten darüber hinaus die Teppiche aus der Wohnung in den Hof geschleppt und dort über einer alten Teppichstange ausgeklopft werden. Regelmäßig kam noch der Eismann (nicht zu uns, wir hatten bereits einen Kühlschrank). Für die Kinder der Straße war der Eiswagen eine Attraktion. Alle rannten johlend dem Wagen hinterher. Ich als die Kleinste blieb allerdings schon nach kurzem Sprint auf der Strecke."

Ute und Hans-Jörg Pamp lebten in der Geigerstraße in einem zehn bis zwölf Quadratmeter großen Zimmer. „In diesem kleinen Raum haben wir noch mit zwei kleinen Kindern gewohnt. Unser Glück, wir durften Küche und Bad im kleinen Reihenhaus mitbenutzen und den Dachgarten vor unserem Zimmer. Als Gegenleistung habe ich das ganze Haus geputzt, den pflegebedürftigen Opa bis zum Tod gepflegt und noch 60 Mark Miete gezahlt."

Monika Rau mit sechs Jahren: Sie fegt die lange Rutschbahn im Louisa-Park herunter.

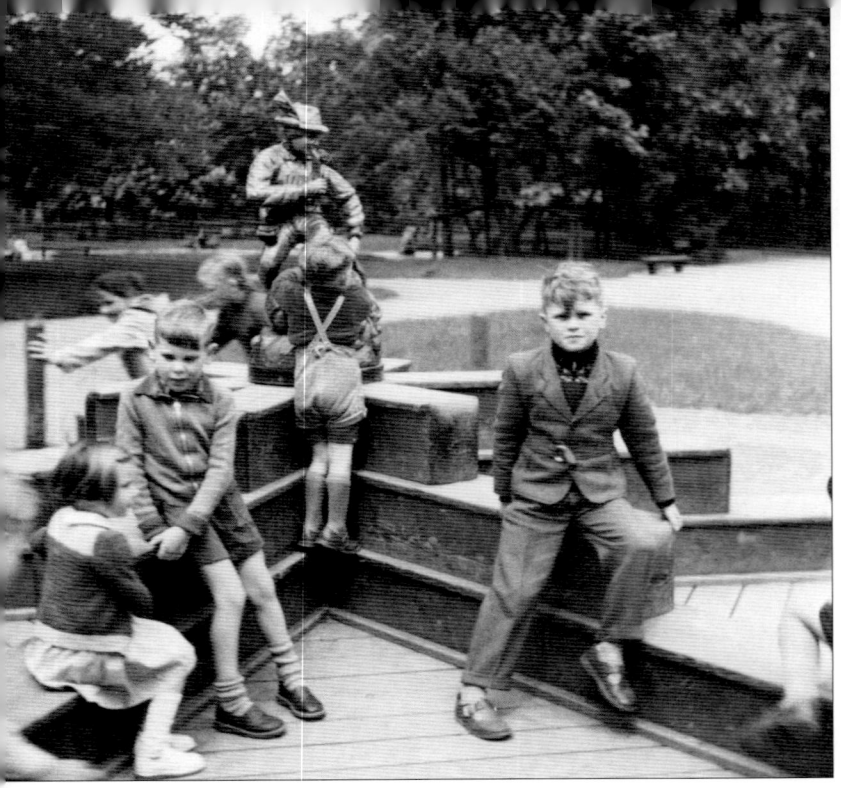

Mit ihrem Bruder sitzt Monika Rau (unten links) auf dem Karussell mit dem geschnitzten Rattenfänger.

Juliane Zollmann, Jahrgang 1951, wohnte in der Kreuznacher Straße, direkt am Westbahnhof. „Damals gab es noch keine Unterführung, sondern eine Brücke über die Gleise und Dampfloks. Meine Schwester und ich liebten es, uns auf die Brücke zu stellen und uns vom abgelassenen Dampf der Züge einhüllen zu lassen. Sonntags morgens wurden wir vom Muhen der Kühe in den Zügen geweckt, die zum Schlachthof transportiert wurden. Warum dies sonntags geschah, konnte ich nie herausfinden. Meine Mutter kam vom Land und hatte immer Angst, uns alleine auf der Straße spielen zu lassen. So wurden wir regelmäßig auf dem alten Friedhof in der Solmsstraße gelüftet. Manchmal gingen wir auch nach nebenan; dort gab es einen Spielplatz, und hinter einem Zaun ‚die Ausländer‘, die in einem Bauwagen wohnten – Italiener der ersten Gastarbeitergeneration. Es gab dort auch ein schwarzes Mädchen, die ‚Neger-Rita‘, die sich mit den Italienern eingelassen hatte und Zwillinge bekam (das habe ich bei einem Gespräch der Mütter erfahren).“

Weil es in den Wohnungen kaum Platz zum Spielen gab, verbrachten die meisten Kinder ihre Nachmittage draußen. Renate Söhns erzählt aus ihrer Kindheit in Rödelheim: „Die Breitlacherstraße – unsere Straße, unser Spielplatz. Wir spielten am liebsten Verstecken, auch auf Trümmergrundstücken oder in Hinterhöfen. Da hier alle Häuser aneinanderstehen, sind wir in einen Hof rein, dann über die Mauer geklettert und kamen drei Häuser weiter wieder raus.“ Auch Bernd Wolter, 1950 im Nordend geboren, stromerte durch Trümmergrundstücke. „Das waren unsere liebsten Spielplätze, obwohl das Betreten verboten war. Ein Mitschüler hat in einem Keller in der Weberstraße sogar gelebt. Das Haus hat gefehlt, es war nur die Kellerdecke vorhanden.“ Gespielt habe er meist auf der Straße, „Autos gab es fast keine und

Auch das Schaukelpferd war ein beliebter Ort zum Spielen für die Geschwister. Heute ist die Anlage modernisiert und umgestaltet. „Irgendwie ist es nicht mehr ‚mein' Louisa-Park", findet Monika Rau.

Erika Burger steht 1955 am Main Modell. Im Hintergrund ist die Rollschuhbahn zu sehen.

die Wiese auf dem Nordendplatz durfte nicht betreten werden." Gertrud Füller, Jahrgang 1938, hat gleich eine Liste mit Kinderspielen parat, die im Günthersburg-, Huth- oder Ostpark oder eben auf den wenig befahrenen Straßen gespielt wurden: „Verstecken, Räuber und Gendarm, Ballspiele (immer an die Hauswand – wir wurden damals schon von genervten Hausbewohnern verjagt), Stelzen laufen (oft nicht bruchsichere Stangen, aber es ging), Diabolo-Jojo (aus irgendwelchen Rollen), Dobsch mit Peitsche, Hickelkreis (hierfür gab es genug Steine in den Trümmern), Klickern mit Tonkugeln (oft selbst aus Erde und Lehm geformt), Seilspringen (manch-

Die Amerikaner prägten Anfang der fünfziger Jahre noch immer das Stadtbild. Beim Sonntagsspaziergang mit der Familie machte auch die kleine Ingrid Kroner Bekanntschaft mit einem Soldaten und nennt das Bild: „Befreundete Amerikaner".

mal mehrere Kordelreste aneinandergeknotet). Dann kam die Zeit der Poesiealben (ich besitze mein ledergebundenes Album noch. Wichtig waren der Vers und natürlich die Bildchen, die auch getauscht wurden)."

Frankfurt als Messestadt bot den Kindern ganz besondere Attraktionen: „Wenn Automobilmesse war, hatten die Jungs aus meiner Klasse immer Anstecker der Autofirmen, die dann getauscht wurden. Am

schönsten fand ich damals den von Ford, den ich auch lange Zeit in meinem ‚Geheimkasten' aufgehoben habe", erinnert sich Juliane Zollmann.

Auch der Karneval war eine willkommene Abwechslung im Nachkriegsalltag: „In unserer Straße, das heißt, in der ersten Hälfte der Böttgerstraße, waren wir fast 50 Kinder. Wir rotteten uns an Fastnacht zusammen mit Bohnenstangen (geklaut) und Latten aus den Trümmern und zogen mit Gebrüll durch den Günthersburgpark und die Saalburgstraße. Es gab Straßenschlachten, Machtproben, aber alles, ohne jemanden zu verletzen", berichtet Gertrud

Mit der Oma durfte Gertrud Füller damals ins Stadionbad, ins Brentanobad oder an die Nidda. „Proviant waren auf der Herdplatte geröstete Brote und eine Flasche Tee."

Füller. Die Bernemer Kerb sei eines der größten Ereignisse ihrer Kindheit gewesen. „Zur Kerb kam die Verwandtschaft zum ,Quetschekuche'. Je mehr kamen, desto besser für uns Kinder. Denn man bekam 50 Pfennig. Eine Zuckerstange kostete 5 Pfennig, ein Eis und eine Karussellfahrt 10 Pfennig. Alle anderen Köstlichkeiten kamen nicht in Frage. Höchstens noch buntes Brausepulver und Esspapier."

Und an noch eine Freizeiteinrichtung der fünfziger Jahre erinnern sich die Frankfurter gerne: Die Rollschuhbahn am Mainufer. Auch Gertrud Füller durfte sonntagsnachmittags mit ihrer Oma und der Cousine Elfriede dort zuschauen: „Wir sind alle Wege hin und zurück zur Böttgerstraße zu Fuß gegangen. Dort haben wir zugeschaut, wie Marika Kilius (sie war acht oder neun Jahre alt), ihr damaliger Partner Franz Ningel, Irma Fischlein, Ria Baran und Paul Falk (Weltmeisterpaar) liefen." Ähnliches erlebte Sibylle Nicolai: „Mit zirka sechs oder sieben bin ich in den FREC (Frankfurter Roll- und Eissportclub) gekommen und habe auf der Rollschuhbahn im Nizza meine Kringel gedreht. Mein großes Idol war natürlich Marika Kilius. Die Rollschuhbahn war wunderbar am Main gelegen, war allerdings in einem maroden Zustand. Die Terrazzo-Platten waren gerissen, die Umkleidekabinen Baracken."

„Wir hatten eine sehr schöne Kindheit, die wir – wenn immer möglich – in der

Auch Bernd Wolter (Jahrgang 1950) ging im Sommer gerne schwimmen, wie das Bild zeigt, auf dem er etwa acht bis zehn Jahre alt ist. Als er kleiner war, genügte ihm noch das Planschbecken im Günthersburgpark, das es damals schon gab. „Ich habe in der Brahmsstraße im Nordend gewohnt, in der kleinen Straße, in der schon Marika Kilius ihre ersten Gehversuche auf Rollschuhen absolviert hat, und wo auch Ruth Westheimer, die amerikanische Sexualberaterin, gelebt hat."

Der Main reizte die Kinder im Sommer und Winter zum Spielen. Geschwommen wurde darin aber nur bis ins Jahr 1955, dann musste die Badeanstalt am Eisernen Steg wegen der zu schlechten Wasserqualität schließen. Man zog um in die frisch eröffneten Bäder, zum Beispiel im Hausener Schwimmbad und im Brentanobad. Aber auch in der Nidda herrschte ein fröhliches Treiben, wenn es warm genug zum Baden war. Gertrud Füller besitzt noch dieses Bild aus dem Jahr 1959 von der Nidda.

freien Natur verbrachten", schreibt Monika Rau, Jahrgang 1950, die 1953 nach Sachsenhausen zog. „Der Lerchesberg war damals noch nicht bebaut. Es war herrlich, zwischen den Obstbäumen zu spielen und sich ab und zu in bescheidenem Maße zu bedienen. Auch der Stadtwald gehörte zu unserem ‚Revier'. Wir spielten Räuber und Gendarm, versteckten uns zwischen den Büschen und den schönen alten Bäumen. Wenn wir Durst hatten, gingen wir zum Königsbrünnchen und tranken das leckere frische Wasser. Ja, und da war unser Louisa-Park, mit der für uns Zwerge damals langen Rutschbahn. Die Bohlen der Rutsche hatten stückweise

ziemliche Abstände; wenn man mit nackten Beinen rutschte, zwickte es manchmal. Der Weg nach oben erschien mir damals ziemlich lang. Ja, und die schönen Schaukelpferde, die Drehpilze und vor allem das Karussell. In der Mitte befand sich eine wunderschön geschnitzte Figur – der Rattenfänger, natürlich mit Ratten. Wir fuhren es gerne, je schneller, je lieber. Und dann gab es noch das Wasser-Bassin: Es war ziemlich flach, aber das machte nichts. Uns genügte es damals; es war sehr schön, im Sommer darin zu planschen."

Und wie vertrieben sich die etwas älteren Jungs die Zeit? „Mittags nach den Hausaufgaben sind wir in den Rothschildpark gegangen, um auf dem Kinderspielplatz Fußball zu spielen", erzählt Gerhard Glücklich. „Dort gab es ein Klettergestell aus Eisen, das genau die Form eines Fußballtores hatte, was wir wunderbar fanden. Natürlich war Fußball spielen im Park streng verboten. Deshalb schielten wir immer mit einem Auge auf den Schütz, der regelmäßig mit seinem Fahrrad die Runde machte. Wir sahen ihn immer schon von weitem, und da er im Park sein Rad schieben musste, hat er uns nie erwischt. Allerdings war das Fußball spielen jäh unterbrochen oder gar zu Ende.

Wir sind dann manchmal auf die Wiese vor dem IG-Hochhaus gegangen. Das nennt man heute Poelzig-Bau und man hat die Uni dort untergebracht. Damals hatten da die Amerikaner ihr Hauptquartier. Jeden Tag um 16.50 Uhr haben sie ihre Fahne

Warst Du auch schön brav? Beim weihnachtlichen Einkaufsbummel traf der kleine Bernd Wolter auf den Nikolaus. „Die Angst vor ihm kann man mir gut ansehen. Ich dürfte etwa drei bis vier Jahre alt gewesen sein", erinnert er sich.

eingeholt, was immer mit einer weithin hörbaren Trompetenfanfare aus dem Lautsprecher verbunden war. Die amerikanischen Zivilisten, die gerade unterwegs waren, sind zum Fahnenmast gerichtet stehen geblieben, die Uniformierten haben sogar grüßen müssen. Selbstverständlich haben wir Kinder auch unser Fußballspiel unterbrochen und ‚stillgestanden‘, bis die Zeremonie zu Ende war. Ab und zu sind wir dann auch in das große Gebäude geschlichen, um an den typisch amerikanischen Druckhähnen Wasser in hohem Bogen in den Mund oder wenigstens in seine Nähe zu bringen.“

Am Sonntag richtete sich der Tagesablauf vieler Kinder nach den Radioprogrammen. Im Hessischen Rundfunk lief „Heiter sind wir, immer froh, wir und unsere Tante Jo“, wie sich Sibylle Nicolai

erinnert: „Ich liebte diese Sendung mit Josefine Klee-Helmdach sowie die sonntäglichen Kinder-Hörspiele (Abdullah und sein Esel, Guiseppe und Maria). Meine Mutter versäumte nie den Frauenfunk mit Maria Fauser. Außerdem gab es zehn Jahre nach Kriegsende immer noch die Suchmeldungen des Deutschen Roten Kreuzes.“ An sie erinnert sich auch Ursel Torff: „Suchkind Nr. ... sucht Angehörige.‘ Viele Kinder kannten ihren Namen nicht, weil sie am Ende des Krieges noch zu klein dazu waren. Das Rote Kreuz leistete damals äußerst viel, um diesen Kindern und anderen Menschen, die Angehörige suchten, zu helfen.“ Der Sonntag war aber auch ein Tag für Familienausflüge. „Wir sind oft zum Lohrberg gefahren und oberhalb von Bergen-Enkheim spazieren gegangen. Dort traf man auch gelegent-

Weihnachten in den Fünfzigern: Die Geschenke wurden größer. Sibylle Nicolai bekam unter anderem einen Schlitten.

lich auf einer Bank sitzend den Zeichner und Buchillustrator ‚Cefischer‘, der in unserer Nachbarschaft wohnte und – weil ohne Arme – mit dem Mund malte“, erzählt Sibylle Nicolai. Noch heute besitzt die Schauspielerin ein Kinderbuch des Bornheimers, der eigentlich Carl E. Fischer hieß und den legendären Comic-Kater „Oskar“ erfand. „Es gab den Kater auch als Puppe zu kaufen, die man als Kind unbedingt besitzen musste.“ Cefischer hatte 1945 bei einem Luftangriff beide Arme verloren und malte seitdem mit dem Mund. Zwischen 1952 und 1962 erschienen in der „Frankfurter Illustrierten“ etwa 1500 Bildergeschichten von ihm.

Natürlich erinnern sich die Frankfurter auch an die Weihnachtsabende ihrer Kindheit: „Geschenke waren eben Bücher, eine Tafel Schokolade, Seife, etwas an Unterwäsche“, weiß Gertrud Füller noch. „Sehr bescheiden, aber es hat Freude gemacht. Geschenke waren eigentlich weniger wichtig, mehr die Tradition: Wir sind Heiligabend zu Fuß von der Böttgerstraße bis zum Dom, zum Glockengeläut und danach wieder zurück gelaufen.“

„Es war Weihnachten 1951, ich war zwei Jahre und vier Monate alt. Da mein Vater Schreinermeister von Beruf war, hat er mir den Puppenwagen selbst geschreinert. Das Puppenbett ist auch von ihm selbst angefertigt worden und zwar im Maßstab verkleinert genauso, wie mein Kinderbett aussah“, erinnert sich Renate Eckert.

1958: Der Frankfurter Zoo
erwirbt Gelände zur Erweiterung

Jubiläum und mehr Platz für Tiere

Es wäre wahrscheinlich eine verständliche Entscheidung gewesen. Der Zoo war ein Ruinenfeld. Die meisten Gehege waren bei der Bombardierung Frankfurts zerstört worden, nur wenige Tiere hatten den Krieg überlebt. Und die amerikanische Besatzungs-Regierung wollte den Tiergarten auflösen. Schließlich waren 80 Prozent der Wohnungen zerstört, die Menschen hungerten. Und vielleicht hätte man in ein paar Jahren einen größeren Zoo an anderer Stelle errichtet. Polizeipräsident Bernhard

Grzimek aber, der sich aus dem Rathaus heraus um die übriggebliebenen Affen und ein verwaistes Nilpferd kümmerte, ließ sich nicht beirren. Er machte sich nicht nur daran, aus dem Tiergarten mit seinem winzigen Bestand eine neue Attraktion für anfangs 10 000 Besucher zu machen. Schon 1945 plante Grzimek, gerade zum Zoodirektor bestellt, den kleinen Innenstadtzoo zu erweitern.

Es sollte noch bis ins Jubiläumsjahr 1958 dauern, als der Zoo sein hundertjähriges

Eine weitere Attraktion nach dem Krieg: Eisbären. Sie sind heute im Frankfurter Zoo nicht mehr zu sehen.

Bestehen feierte, bis der Tiergarten nahezu restlos das zusätzliche Gelände erworben hatte, das ihm seine heutige Größe gibt. Aber Grzimek trieb seine Pläne entschlossen voran, manchmal mit sehr unkonventionellen Methoden. Nach der Devise, erst einmal handeln, ohne lange zu fragen, sperrte er in den ersten Wochen nach Kriegsende die Thüringer Straße, die den Zoo vom Trümmerfeld im Osten trennte und noch heute altes und neues Gelände markiert, mit Schildern für den Straßenverkehr. Fußgängern blieb zunächst noch ein schmaler Durchgang, 1950 wurde auch dieser vom Zoo geschlossen. Amtlich wurde dieser Akt erst ein Jahr später.

Im Dezember 1951 genehmigten Magistrat und Stadtverordnetenversammlung auch die Erweiterung des Tiergartens. Allerdings nicht in der Größe, wie Grzimek erhofft hatte. Es blieben am Ende nur drei Hektar Erweiterungsfläche übrig, so groß waren die drei an den Zoo angrenzenden Häuserviertel, die von den Bomben weitgehend zerstört worden waren. Der Erwerb der Grundstücke gestaltete sich schwierig, die Verhandlungen waren ermüdend und oft zäh. Bei einzelnen Grundstücken mussten bis zu 25 zum Teil in Amerika verstreut lebende, gemeinsame Besitzer ausfindig gemacht und von allen das Einverständnis erwirkt werden. In Kel-

Für Erika Burger war es etwas Besonderes, wenn ihr Vater Alexander mit ihr in den Zoo ging. „Dort gab es einen Fotografen mit einem Esel, auf dem man reiten durfte. Er stand, glaube ich, dort, wo heute das Restaurant ist am großen Weiher. Es gab ihn dort viele Jahre."

Damals gab es im Frankfurter Zoo noch Elefanten, erinnert sich Erika Burger. Das Elefantenhaus war erst in den Jahren nach 1933 entstanden. Im Krieg wurde der Zoo fast vollständig zerstört. Dem damaligen Direktor Bernhard Grzimek ist es zu verdanken, dass die Anlage den Frankfurtern nach 1945 zunächst erhalten blieb.

lern und Ruinenresten waren Menschen eingezogen, die nun anderweitig untergebracht werden mussten. Für 15 Parteien eines baufälligen Hauses galt es, Ersatzwohnungen zu schaffen. 1959 standen auf dem Gelände immer noch fünf randständige Häuser. Die letzten beiden Gebäude wurden erst 1967 abgerissen.

Auch wenn es so lange dauerte, bis das Gelände endgültig geräumt wurde, die Freianlagen für das neue Affenhaus wurden schon 1959 fertiggestellt. Zehn Jahre später waren der Wiederaufbau des Zoos und der Ausbau der Erweiterung im Wesentlichen abgeschlossen.

Aus dem Ruinengelände war ein neuer, ein größerer Tiergarten entstanden, der bemerkenswerte Zuchterfolge vorweisen konnte. Und weiterhin Platznot hatte.

Quelle: Moser, Ulrike: 1958: Der Frankfurter Zoo erwirbt Gelände zur Erweiterung. In: Mick, Günter (Hg.): Frankfurt. Streifzüge durch das zwanzigste Jahrhundert. Frankfurt am Main, 2002.

Die Frankfurter nutzten das Nizza-Ufer mit seinen Palmen, Zedern und exotischen Blumen gerne für einen Sonntagsspaziergang, wie Monika Rau 1956 mit ihrer Mutter und ihrem Bruder.

Kindheit zwischen Trümmern und Tante Jo   79

1951

Das Jahr im Überblick

März:
- Einweihung der vierten wiederbefahrbaren Innenstadtbrücke, die nun Friedensbrücke, nicht mehr Wilhelmsbrücke heißt.
- Schon 12 Gesellschaften fliegen den Flughafen an.

April:
- Die AEG bezieht an der Friedensbrücke das erste Hochhaus Frankfurts: 12 Geschosse, das „I.G. Farben-Hochhaus" hat nur 7.

Mai:
- 10.5.: Einweihung des neu aufgebauten Goethe-Hauses (Architekt: T. Kellner).
- 27. 5.: Die Bundesflagge weht über dem Flughafengebäude.

Juli:
- Die Stadt hat wieder so viele Einwohner wie vor dem Krieg – 553 000.

August:
- Erste „Grüne Welle" von der Messe bis zur Stresemannallee.

September:

- 16.9.: In der Paulskirche wird erstmals der Friedenspreis des Deutschen Buchhandels verliehen. Bundespräsident Theodor Heuss überreicht die Auszeichnung an den Arzt, Theologen, Philosophen, Musikwissenschaftler und Humanisten Albert Schweitzer.
- In einige Taunusorte kann man jetzt ohne „Fräulein vom Amt" telefonieren.

Oktober:

- Richtfest am Jügelhaus, dem beschädigten Hauptbau der Universität.

Dezember:

- Einweihung des wiederaufgebauten früheren Schauspielhauses, jetzt „Großes Haus" für die Oper, mit Wagners „Meistersingern". Dafür wurde das Haus innen umfassend umgebaut.

Was sonst noch in Frankfurt wichtig war:

- Die erste Internationale Automobilausstellung der Nachkriegszeit findet statt, die im Jahre 1953 und 1955 wiederholt wurde und zuletzt mehr als 750 000 Besucher aufwies. Die Internationalen Fahrrad- und Motorradausstellungen finden ebenfalls regelmäßig in Frankfurt seit 1951 statt.

Die Fotos entstanden im „bitterkalten Winter 1951, in dem der Main völlig zugefroren war (auch die Fahrrinne). Sie wurden beim ‚Eishockey' zwischen der Main-Neckar-Brücke und der Niederräder Eisenbahnbrücke auf der Frankfurter Seite aufgenommen", berichtet Ilse Hellwig.

Ingrid Kroners Spielplatz war unter anderem die zerstörte Kleinmarkthalle, in der ihre Großmutter ein Blumengeschäft hatte. Der Verkauf in den Ruinen war nur ein Provisorium, doch die Frankfurter hatten wieder das Bedürfnis, ihre Wohnungen mit Blumen zu schmücken.

Fußball-Helden

1954 wurde Deutschland zum ersten Mal Weltmeister. Fünf Jahre später hatte auch Frankfurt seine Fußball-Helden. Am 28. Juni 1959 wurde die Frankfurter Eintracht zum ersten und bislang einzigen Mal deutscher Fußballmeister. An diesem Sonntag kam es im Berliner Olympiastadion zum Lokalderby zwischen der Eintracht und den Kickers Offenbach. Die Eintracht galt nach einer glänzenden Saison als hoher Favorit. 75 000 Zuschauer verfolgten das Traumfinale, das zum Fußballkrimi wurde. Schon nach 20 Sekunden schoss der Ungar Istavan Sztani für die Frankfurter das erste Tor. Sechs Minuten später folgte der Ausgleich. Nach 13 Minuten führte wieder die Eintracht, nur neun Minuten später gelang den Kickers der erneute Ausgleich. Verbissen wurde weitergekämpft, doch keiner Mannschaft gelang es bis zur 90. Minute, wieder in Führung zu gehen. In der Verlängerung verwandelte die Eintracht einen – aus Sicht der Offenbacher umstrittenen – Elfmeter, schossen ein weiteres Tor, den Offenbachern gelang noch einmal der Anschluss.

Dann sorgte der Kopfballspezialist Ekkehard Feigenspan endlich für das erlösende 5:3-Ergebnis. Zurück in Frankfurt wurden die Helden von Berlin von der gesamten Stadt gefeiert. Vor dem Bahnhof sollen sich bis zu 300 000 Menschen versammelt haben. Da sah auch die Polizei keine Chance mehr, die Fußballer um Kapitän Alfred Pfaff und Trainer Paul Osswald vor den begeisterten Fans zu schützen. Für den Triumpfzug durch die Kaiserstraße bis zum Römer stellte eine Frankfurter Brauerei ihren Sechs-Spänner zur Verfügung. Oberbürgermeister Werner Bockelmann empfing die Spieler im Rathaus. Gefeiert wurde anschließend im Zoo-Gesellschaftshaus.

Quelle: Euler, Ralf: 28. Juni 1959: Die Frankfurter Eintracht wird deutscher Meister. In: Mick, Günter (Hg.): Frankfurt. Streifzüge durch das zwanzigste Jahrhundert. Frankfurt am Main, 2002.

Die Sonnenuhr am Nizza-Ufer war schon damals ein beliebtes Fotomotiv.

1952

Januar:

- Nicht mehr nur bis Nied, bis Höchst fährt die Straßenbahn.

Februar:

- Der Landtag beschließt eine neue Gemeindeordnung: Frankfurt ist wie die Landeshauptstadt unmittelbar der Aufsicht des Innenministers unterstellt – eine landesunmittelbare Stadt.

März:

- In der Altstadt, rund um den Dom, beginnt die Beseitigung der Trümmer.

Mai:

- 10.5.: Auf dem Flughafen werden erstmals ein Instrumenten-Landessystem (ILS) sowie ein Drehfunkfeuer (VOR) installiert.

Juni:

- Am Deutschherrnufer ist das großzügige Haus der Jugend mit 550 Betten fertiggestellt und wird in kürzester Zeit die meistbesuchte Jugendherberge Deutschlands.

- 22.6.: Susette Gontard, die große Liebe des Dichters Friedrich Hölderlin, ist vor 150 Jahren in Frankfurt gestorben.

August:

- 18.8.: Am Montag titeln Zeitungen: „Der erste und gleichzeitig frechste Bankraub, den die Kriminalgeschichte von Frankfurt jemals verzeichnen konnte." Am Samstag war die Filiale der Deutschen Effekten- und Wechselbank überfallen worden.

September:

- Die Bundesbahn verlegt ihre Hauptverwaltung nach Frankfurt.

Was sonst noch in Frankfurt wichtig war:

- Der „Paul Ehrlich- und Ludwig Darmstädter-Preis" – der höchstdotierte deutsche Wissenschaftspreis – wird ins Leben gerufen und jedes Jahr zum Geburtstag des Professors Paul Ehrlich am 14. März verliehen.
- Der Frankfurter Heimat- und Mundartdichter Friedrich Stoltze veröffentlichte vor 150 Jahren die „Frankfurter Krebbel- und Warme Broedscher Zeitung".

3. Strenge Sitten und große Reisen in Kindergarten und Schule

Der erste Schritt zum Erwachsenwerden: Juliane Zollmann wurde am 16. April 1958 eingeschult. Das Foto zeigt sie (rechts) mit ihrer besten Freundin Jenny in der Kuhwaldschule. „Auf dem Foto sieht man den Bärenbrunnen und das Schulhaus."

Anders als heute, ging es in den fünfziger Jahren in den Kindergärten nicht darum, die Kleinen spielerisch an die Schule heranzuführen. Meist sollte der Übergang zum „Ernst des Lebens" mit Strenge erreicht werden. Doch es gab auch Mütter, die ihre Kinder geschickt in die Selbstständigkeit gehen ließen, wie im Falle von Gerhard Glücklich: „Mit drei Jahren bin ich in den Kindergarten in der Myliusstraße gekommen.

Später bin ich als Fünfjähriger ganz allein dorthin gegangen. Selbst jetzt brauche ich für diesen Weg trotz ziemlich langer Beine noch fast zehn Minuten. Heute wäre es natürlich undenkbar, ein kleines Kind eine solche Strecke allein gehen zu lassen. Unterwegs durfte ich mir für 20 Pfennig ein Kaffeestückchen kaufen. Meine Mutter hat später erzählt, dass sie die ersten Male heimlich hinter mir hergegangen ist, um zu

So fröhlich ging es damals im Katharinen-Kindergarten in der Myliusstraße zu. Auf dem Foto von Gerhard Glücklich, das zwischen 1955 und 1957 entstand, spielen die Kleinen schon mit Legosteinen.

Auf dem Weg zum Kindergarten durfte sich Gerhard Glücklich etwas Süßes kaufen. Mittags wurde dann zusammen gegessen.

sehen, ob ich den Weg schaffe. Anscheinend habe ich es."

Doch die Sitten waren streng und machten es den Kindern nicht immer leicht: „In den Kindergarten gingen wir in die Allerheiligen Gemeinde, Thüringer Straße, der von Ordensschwestern geführt wurde", schreibt Elke Zahn, Jahrgang 1950. „Die leitende Schwester Gonzalva war sehr streng, nicht nur zu den Kindern. Mein Bruder galt als ‚schwer erziehbar', weil er mit drei Jahren beim alleinigen Toilettengang die Azaleen im Forum abgerissen hatte, und sollte den Kindergarten verlassen. Wenn

Elke Zahn (rechts) hat im Kindergarten in der Allerheiligen Gemeinde, Thüringer Straße, die strengen Ordensschwestern in Erinnerung. Ihr Foto zeigt eher die lustigen Zeiten, wie hier beim Sommerfest. Auch später in der Schule herrschten feste Regeln: „1956 kam ich dort hin. Streng getrennt nach Mädchen (Wittelsbacherschule) und Buben (Linnéschule). In der Mitte des Gebäudes auf den Fluren war eine Art Maschendrahtzaun und es wurde nicht gerne gesehen, dass man sich dort mit dem anderen Geschlecht unterhielt.“

Zum Laternenumzug durften die Eltern in den Kindergarten kommen. Doch so richtig nach Vergnügen sehen die Kleinen nicht aus.

wir den Gang auf die Toiletten nicht rechtzeitig schafften, und die Hosen nass wurden, bekamen wir ‚Kindergarten-Lederhosen‘ an und jeder wusste Bescheid.“

Auch die Schauspielerin Sibylle Nicolai erinnert sich mit gemischten Gefühlen an ihre Kindergartenzeit: „Morgens ging ich – sehr ungern – in den Kindergarten (etwa auf

Das mag ein lustiges Lied gewesen sein: Mit viel Elan sangen die Kleinen im evangelischen Kindergarten im Heimatring. Erika Burger (links unten) war besonders eifrig dabei.

der Höhe der heutigen Eissporthalle). Bei gutem Wetter pilgerte die ganze Krippen-Truppe in den Ostpark. Einmal hatten wir unter der Leitung der Kindergärtnerin, mei-

ner Erinnerung nach, ein Weihnachtsspiel einstudiert. Als es vor den Eltern zur Aufführung kam und ich an der Reihe war, bin ich in heller Panik heulend zu meiner Mut-

Allzu sehr hat sich die Kirchnerschule in der Bornheimer Berger-straße nicht verändert. Davor ist der „Hohe Brunnen" zu sehen.

ter gerannt und habe jede weitere Mitwirkung verweigert. Damals wäre sicher keiner auf die Idee gekommen, dass ausgerechnet ich einmal Schauspielerin werden würde."

Erika Burger, die heute mit Liedern von Zarah Leander auftritt, hat dagegen schon immer gerne gesungen. Das sieht man bereits an ihrem Kindergartenbild aus dem Jahr 1949, auf dem sie lauthals ein Kinderlied mitschmettert.

So ist es nicht verwunderlich, dass sie sich auch, wenn sie an ihre Zeit in der Riedhofschule zurückdenkt, in die sie 1952 eingeschult wurde, besonders an ihren Musiklehrer erinnern kann. „Er hieß Herr Blase und war Kriegsversehrter. Er trug seinen linken Ärmel in der Sakkotasche. Er war aber ein toller Pädagoge." Eine Festschrift aus dem Jahr 1954 zur Einweihung des Hauptgebäudes der Schule, die sie bis heute besitzt, nennt ebenfalls seinen Namen: Georg

Auf dem Heimweg von der Riedhofschule machte ein Fotograf diese Aufnahme von Erika Burger. „Mutter bezahlte murrend."

Gertrud Füller als 14-Jährige. Damals besuchte sie die Comeniusschule.

Ausflüge gingen nicht mehr nur ins nahegelegene Schullandheim, sondern in die Ferne. Winfried Fügner fuhr mit seiner Klasse zum Beispiel in die Alpen.

Blase. Auch lobt sie den Schulhausmeister Ernst Beyer, „einen tüchtigen Sachverwalter dieses wichtigen Amtes. Die tausend Kleinigkeiten, die da abends zu tun bleiben, beschäftigen ihn oft bis in die Nacht hinein." 40 Kinder seien sie damals in der Klasse gewesen, erzählt Erika Burger.

Die Schule war ein Ort, an dem viel gesungen wurde. So erinnert sich Gertrud Füller, Jahrgang 1938, noch heute genau an das Weihnachtssingen in der Comeniusschule im Jahr 1952. „Es waren 32 Klassen, das Singen fing in der unteren Etage an, es hallte durch das ganze Gebäude, bis die letzten Klassen im obersten Teil sangen." Noch heute weiß sie, dass die Klasse 1a) „Alle Jahre wieder" und die 3c „O Tannenbaum" gesungen hat. „Ich bekomme Gänsehaut, wenn ich daran denke. Vor allem, was haben wir im Musik-Unterricht viele Lieder gelernt und auswendig gesungen!"

„Die Jungs waren damals ziemliche Rabauken", weiß Erika Burger noch. „Und die Mädchen wurden benachteiligt. Die Jungs durften Werkunterricht machen und dabei schreinern. Wir hatten immer nur Handarbeiten, das habe ich gehasst und hatte eine 5. Ich war außerdem sehr sportlich und konnte gut auf Bäume oder Stangen hoch klettern. Aber das war in der Schule nur den Jungs erlaubt." Erst als der Lehrer weg war, konnte sie einigen ihrer Mitschüler zeigen, dass sie die Stange besser erklimmen konnte als diese.

Direkt neben der Schule habe es Kleingärten gegeben. „Dort standen viele Hühnerställe. Wenn wir zur Schule gingen, gackerten immer die Hühner. Da gab es dann auch frische Eier. Einmal erwischte mich ein Fotograf auf dem Heimweg, machte ein Foto und brachte es anschließend zu meiner Mutter. Sie hat es murrend bezahlt, denn damals hatten wir wenig Geld."

Fahrten aufs Land mit der Klasse waren auch in den fünfziger Jahren üblich: Karin Schmitt (heute Lattemann) ging in die vierte Klasse der Weißfrauenschule in der Gutleutstraße, als ihre Klasse 1954 ins Schullandheim Lützel bei Gelnhausen fuhr. Hier sieht man die damals Zehnjährige mit den Mitschülern und der Lehrerin „Fräulein Panny, später Frau Kober".

An die fünfziger Jahre, „an sehr arme Zeiten, aber auch an den rapiden Aufschwung" erinnert sich auch Winfried Fügner, gebürtiger Berliner, der 1950 über Ostpreußen und Brandenburg nach Frankfurt kam: „Mein Taschengeld habe ich mir mit dem Verkauf von Coca Cola bei den Amerikanern verdient. Von 1951 bis 1957 habe ich die Bornheimer Mittelschule besucht. Dankbar bin ich unserem Lehrer Georg Busch, der mit uns sehr abenteuerliche Klassenfahrten gemacht hat. Besonders waren wir begeistert von den Fahrten zur Insel Sylt 1952 und 1954.

Sport und Gruppenspiele in freier Natur, sowas gab es nur im Schullandheim.

Das Foto von den Ferien im Schullandheim Lützel zeigt, was Karin Lattemann heute noch weiß: „Wir verbrachten dort eine wunderschöne und unbeschwerte Ferienzeit."

Unsere Abschlussfahrt führte uns ins Kleinwalsertal, wo die Stadt Frankfurt ein Jugendheim hatte.

Unserem Lehrer ist es stets gelungen, für diese Fahrten eine finanzielle Unterstützung seitens der Stadt zu bekommen. Da all diese Fahrten während der Schulzeit stattfanden, musste von jedem Schüler ein Erlebnisbuch angelegt werden." Ein Gesamtband aus dem Jahr 1957, zu dem jeder Schüler Beiträge geleistet hat, hat Fügner noch heute. Im Vorwort schreibt sein Lehrer, was damals Lehrstoff war: Die Natur, Tiere und Pflanzen, Lawinen und Gefahren der Berge, die Menschen des Tales, ihre Arbeit, ihre Geschichte, Volkstum und Trachten, Namenkunde und

Ein Blick in ein Klassenzimmer von 1954. Die ABC-Schützen schrieben noch auf Schiefertafeln, die auf den schrägen Klappbänken lagen. Die meisten lernten das Schreiben schon nach der Ganzheitsmethode, also nicht mehr Buchstabe für Buchstabe, sondern von Anfang an vollständige, einfache Sätze.

Diszipliniert ging es zu, auch wenn die Schüler mal einen Ausflug unternehmen durften. Gertrud Füllers Klasse auf der Comeniusschule fuhr mit nur einer Lehrkraft zur Saalburg.

Siedlungsgeschichte, Orts- und Flurnamen. „Die Aufenthalte in Heimen an der See (Sylt) und in den Alpen (Walsertal) mit ihrem reichen Unterrichtsgehalt und dem Erleben der deutschen Landschaft und der Erziehung zu vertieftem Sehen und Nachdenken rechtfertigen bei entsprechender Vorarbeit des Lehrers und der Nachbereitung durch die Schüler die Verlegung des Unterrichts während der Schul-

Das beginnende Wirtschaftswunder machte sich auch in den Schulen bemerkbar.
Während die Kinder Ende der vierziger Jahre noch recht düster und eher ärmlich
gekleidet waren, wie ein Bild der Klasse von Gertrud Füller aus der Comeniusschule zeigt, ...

... sind die Schüler 1952, nur vier Jahre später, schon besser gekleidet. Die meisten langen Zöpfe und hochgesteckten Haare wichen moderneren Kurzhaarschnitten. Eine Klassenstärke von 44 Schülern war damals an der Tagesordnung.

1953

Das Jahr im Überblick

März:
- 23.3.: Nach der Gründung der Bundesanstalt für Flugsicherung nimmt am 1. Juli erstmals eine deutsche Flugsicherungsleitstelle ihren Dienst auf.

April:
- 35 Millionen junge Bäume haben städtische Forstleute seit dem Wiederaufbau gepflanzt.
- „Kriegsgefangene mahnen" – eine Ausstellung in der Paulskirche erinnert daran, dass noch immer nicht alle deutschen Soldaten heimgekehrt sind.

Mai:
- Die Universität zählt 5800 Studenten.

August:
- Die neue Biebergasse ist befahrbar.

November:
- Der Hessische Rundfunk sendet sein erstes eigenes Fernsehprogramm.

Dezember:
- 600 000 Einwohner wollen nun in Frankfurt wohnen.

**Was sonst noch in Frankfurt
wichtig war:**

• Horst Lippmann gründet das Deutsche Jazzfestival.

• Louis Armstrong spielt erstmals
1953 im Althoff-Bau.

Aus kleinen Mäd-
chen wurden
Damen: So sah
Gertrud Füllers
Abgangsklasse
von der Comeni-
usschule im Jahr
1953 aus.

Strenge Sitten und große Reisen in Kindergarten und Schule   109

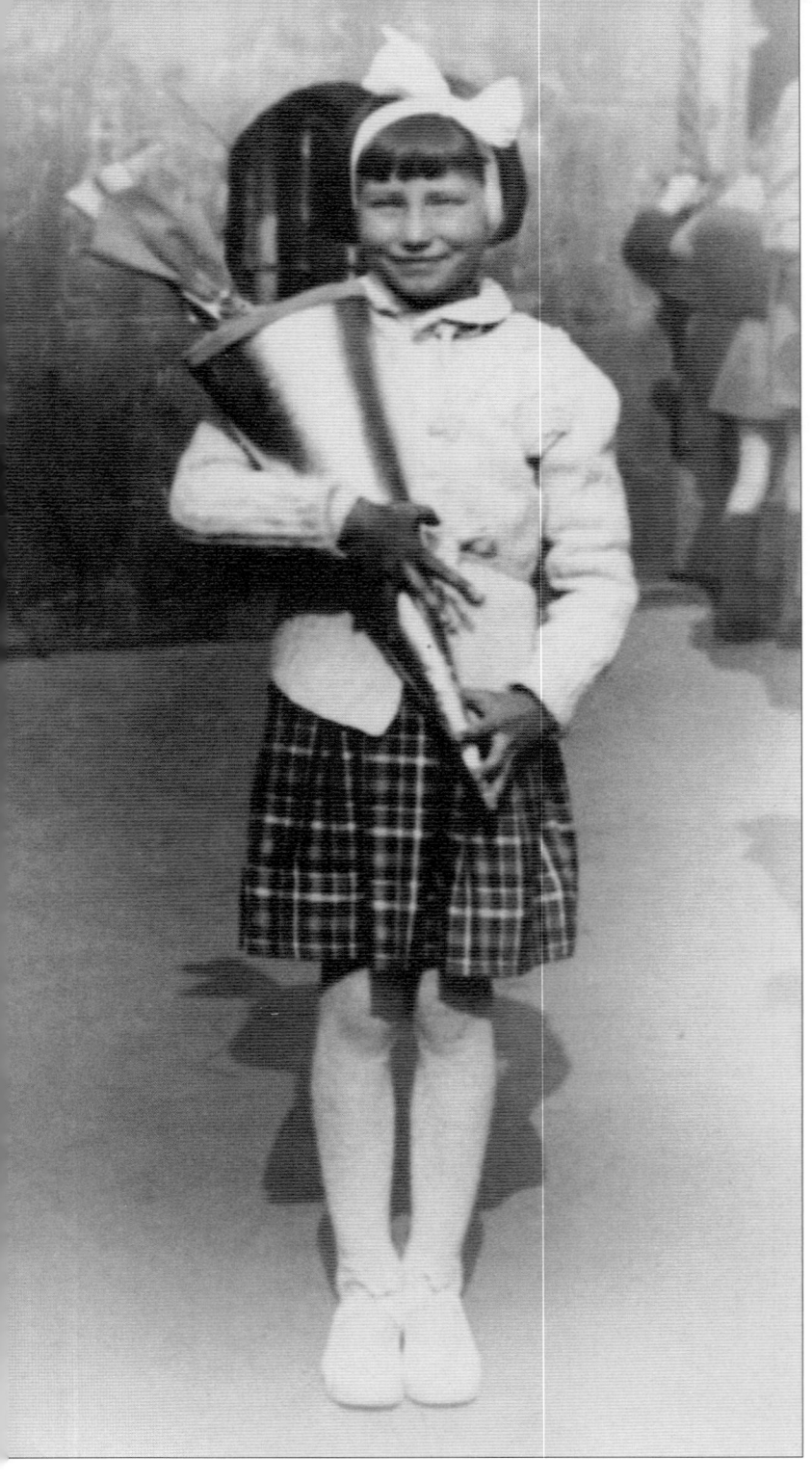

zeit in Orte außerhalb des Erlebniskreises der Großstadtschüler."

Gisela Dahlem-Christ, die Tochter der großen Volksschauspielerin Liesel Christ, ist Jahrgang 1942. Sie lebte allein mit ihrer Mutter und Schwester Bärbel in der Rhönstraße und besuchte die private Anna-Schmidt-Schule. „Es war ein reines Mädchengymnasium, deshalb habe ich sehr für meinen jungen Mathelehrer geschwärmt", erzählt sie. „Da die kleineren Mädchen vorne sitzen mussten, habe ich meistens im vorderen Drittel der Klasse gesessen. Ich erinnere mich an einen sehr strengen Lateinlehrer, der immer in gestrickten Strümpfen und Knickerbocker zur Schule kam. Dann hieß es immer: ‚Christ, aufstehen' und wehe, man konnte die Vokabeln nicht."

1949 kam Ingrid Kroner in die Musterschule im Nordend. „Sie war damals die erste Schule mit intakten Räumen." Die ausgebombte Volksschule Liebfrauen, die mitten in der Innenstadt lag, war in das Gymnasium im Oberweg ausgelagert worden.

"Mein erster Schultag 1953 in der Francke-Schule war für mich ein großes Erlebnis", erzählt Sylvia Meusel, die damals noch Wehner hieß.

1954

Das Jahr im Überblick

März:
- Die Kleinmarkthalle zwischen Hasengasse und Liebfrauenberg (City) wird eingeweiht (Architekten: G. Weber, G. Gottwald).

Mai:
- 24.5.: Die Frage der Rückgabe des ehemaligen Gemeindebesitzes an die Nachkriegsgemeinde kann endgültig geklärt werden.

Juni:
- 4.6.: Die Abteilung Basketball ist neue Unterabteilung der Frankfurter Eintracht.

Juli:
- Als eine Übergangslösung vor dem Bezug normaler Wohnungen werden die Bewohner der Luftschutzbunker in offene Lager umgesiedelt.

August:
- Am Hauptbahnhof soll man sich an die ersten Parkometer gewöhnen.

September:
- Einweihung des großen Sende- und Konzertsaals des Hessischen Rundfunks (Architekt: G. Weber).

November:

- 9.11.: Dietrich Thurau (Radrenn-
  fahrer) wird geboren.

Dezember:

- Erbaut sind nun unter anderem das
  Institut für Botanik und Biologie der
  Universität, Siesmayerstraße 70
  (Architekt: F. Kramer), und die
  katholische Pfarrkirche St. Michael,
  Gellertstraße 39 (Architekt: R.
  Schwarz).

Was sonst noch in Frankfurt wichtig war:

- Das Fernmelde-Hochhaus wird fertig gestellt.
- Das Bienenkorb-Haus wird fertig
  gestellt.

Ingrid Kroner erinnert sich an die Zeit, in der sie morgens nicht nur mit ihrem Schulranzen, sondern auch mit einem metallenen Essenstopf in die Schule ging. „Der Tender gehörte mit zur Ausrüstung, da wir noch Schulspeisung von den Amerikanern bekamen."

**Eine reine Mädchenklasse besuchte Sylvia Wehner in der Francke-Schule.
Das Foto stammt aus dem Jahr 1955.**

Christine Bünz (heute Wimmel), Jahrgang 1939, besuchte die Elisabethenschule, ein reines Mädchengymnasium. „In Erinnerung sind mir die sehr strenge Direktorin Weber und unsere nette Klassenlehrerin Frau Dr. Domes, die auf dem Foto von 1953 zu sehen ist."

4. Kino, Kunst und coole Jungs

Der Turmpalast lockte mit einer großen Plakatwand vor den Ruinen an der Großen Eschenheimer Straße. Schon mittags um 13 Uhr konnten die Frankfurter sich den Film „Königin der Arena" mit Hans Söhnker in der Hauptrolle ansehen. Kurt Henkel stand als Taxifahrer an dieser Stelle am ‚Droschkenplatz'. Er erinnert sich: „Unvergessen die Vergnügungslokale ‚Trocadero', ‚Fischer-Stube', ‚Reichshof', ‚Café Express' und wie sie alle hießen."

Auch das „Café Hauptwache" war ein beliebter Treffpunkt der Frankfurter. Gisela Dahlem-Christ erinnert sich, dass sie mit ihrer Mutter und Verwandten aus Amerika damals in das Café ging, um dort auf dem Dach zu sitzen. Abends lockte die jungen Leute vor allem das Kino „Metro-Schwan" im Steinweg. „Wir gingen damals aber auch in den Turmpalast, dort habe ich die Sissi-Filme und alles von Caterina Valente gesehen, und in den Filmpalast in der Großen Friedberger. Dort kostete der Eintritt zwei Mark oder 2,50 Mark. Meine drei Jahre jüngere Schwester Bärbel sah älter aus als ich, deshalb ist sie immer mit reingekommen."

Ein Ort, an dem Jugendliche ins Schwärmen gerieten, aber auch fürs Leben lernten, war das Kino, das in den fünfziger Jahren seine große Zeit erlebte. Kaum sorgte Sonja Ziemann im Heimatfilm „Grün ist die Heide" dafür, dass die alten Zöpfe der Mädchen fielen, schon kamen dank Kinohelden wie James Dean Cordjeans und Lederjacken auf.

Auch für Gertrud Füller, Jahrgang 1938, war der Film etwas Besonderes: „Eine neue Welt tat sich auf für uns, mehr für uns Mädchen als für die Buben. In Bornheim hatten wir das große Glück, auf der Bergerstraße drei Kinos zu haben, die Schauburg, den Schützenhof (heute Bergerkino) und die Blumenlichtspiele (Alt Bornheim). In der Wiesenstraße gab es das Apollo, wir nannten es die „Flohkist", es war sehr klein. Zum Eintritt musste man für den Ofen etwas Brennbares mitbringen. Eintrittsgeld 50 Pfennig. Jeder Pfennig wurde für das Kino gespart. Es gab aber auch die herrlichsten Kitsch-filme. Im Wechsel gab es amerikanische und deutsche Schnulzen. So habe ich bestimmt fünf Mal „Die badende Venus" mit Esther Williams und vier Mal „Die verschleierte Maja" mit Grete Weiser gesehen. Und dann haben wir sogar die zwei letzten Stunden Englisch geschwänzt, um in den Fim „Das doppelte Lottchen" zu gehen. Von einigen Filmen habe ich komplette Sammelalben mit Originalbildern durch Margarine-Bildchen gesammelt. Außerdem habe ich zu jedem Film ein Filmprogramm gekauft."

Annemarie Marovelli, umringt von ihren Tänzern, denen sie in ihrem Wohnzimmer Unterricht gab. Die Gruppe nannte sich „Anne Maro's Bunte Palette" und trat vor allem in Altenheimen und Krankenhäusern auf. 1957 stieß Sylvia Wehner hinzu.

Kino, Kunst und coole Jungs

So klein und schon so frech: 1958 traten Sylvia Wehner (links) und ihre Freundinnen in kurzen Hosen, mit Stock und Zylinder auf.

Wer Marika Röck oder Fred Astair im Kino sah, träumte oft davon, selber zu tanzen. So wie Sylvia Meusel, geborene Wehner, die mit vier Jahren nach Frankfurt zog und 1953 in die Francke-Schule kam: „Während meiner Schulzeit, ich war gerade mal zehn Jahre alt, wollte ich so gerne eine Ballettschule besuchen. Meine Eltern hatten für solche Sonderwünsche kein Geld. Was sollte ich machen? Ein Schulkamerad von mir kannte da eine Frau Namens Annemarie Marovelli, die eine kleine Gruppe von Kindern in ihrem Wohnzimmer tanzen ließ. Einfach so, ohne Vorkenntnisse. Man brauchte nur ein wenig Talent, Musikalität und Freude am Tanzen mitbringen. Wir alle hatten Spaß, uns zur Musik tanzend zu bewegen."

Schnell war der Name „Anne Maro's Bunte Palette" gefunden, weil Tänze aus aller Welt bunt gemischt vorgetanzt wurden. Die Schauspielerin Annemarie Marovelli verlangte für die Tanzstunden in ihrem Wohnzimmer kein Geld. Sie sollten ein Ausgleich für die Schule sein und den Kindern die Möglichkeit geben, ihre Fantasie zu entfalten. Die Jungen und Mädchen zwi-

„Anne Maro's Bunte Palette" zeigte ein abwechslungsreiches Programm mit Tänzen aus aller Welt. Auch Pantomime lernten die Mädchen bei der Schauspielerin Annemarie Marovelli.

Ob als Prinzessin mit Spitzentanz oder als Conny Froboess – Sylvia Wehner begeisterte das Publikum damals mit ihrem Talent.

schen 6 und 14 Jahren tanzten nach Mozarts „Kleiner Nachtmusik", zeigten mit Bewegungen selbstverfasste Märchen, traten ebenso mit einem Hula-Hoop-Reifen auf oder als Meißener Porzellanpuppe. „Mit unseren Darbietungen in Altenheimen und Krankenanstalten machten wir vielen Menschen eine große Freude. Die Auftritte

DER BUNTEN PALETTE DANK UND VIEL ERFOL
FUR 1959 VERBUNDEN MIT UNSEREN
INNIGSTEN WÜNSCHEN

Sogar der Filmstar O.W. Fischer wünschte der „Bunten Palette" 1959 auf einer Autogrammkarte Glück für die nächsten Auftritte.

waren meistens zu Sommerfesten und Weihnachtstagen", erzählt Sylvia Meusel, geborene Wehner und hat sogar Zeitungsausschnitte aus dieser Zeit gesammelt. In einem heißt es über sie: „Große Heiterkeit löste die von Sylvia Wehner vorgetragene Parodie der Conny aus", eine andere Kritik nennt ihren Auftritt „fast bühnenreif". „Es war die Erstaufführung ihres Programms ‚Von Wien bis zur Puszta'. Am Schluss blieb nur die Frage offen: Haben sich die Kinder oder die alten Leute aus dem Heim mehr gefreut?" steht dort weiter geschrieben.

Besonders stolz waren Sylvia und ihre Mittänzer auf die guten Wünsche eines der damals größten Stars des deutschen Nachkriegskinos, des Schauspielers und Frauenschwarms O.W. Fischer („Ludwig II.", „Peter Voss, der Millionendieb").

„Unsere Leiterin Frau Marovelli hatte schriftlichen Kontakt zu ihm." Er schickte der Kinderbühne ermunternde Briefe und schließlich sein Porträt mit der Widmung: „Der Bunten Palette Dank und viel Erfolg für 1959, verbunden mit unseren innigsten Wünschen."

Sylvias Talent blieb auch dem Theater nicht verborgen: „1959 bekam ich im Fritz-

Glockenrock, Volants am Oberteil und weiße Söckchen – Ursel Torff 1953 mit einem Kleid, wie es damals Mode war.

16 Jahre alt und schon so erwachsen: „Mein erster Urlaub mit den Eltern nach Berchtesgaden – man wurde Dame", erinnert sich Gertrud Füller.

Sehr elegant, mit Glockenrock und hochhackigen Schuhen, ging Ursel Torff 1954 aus.

Rémond-Theater eine kleine Sprechrolle neben Marta Marbo in dem Stück von Curt Götz ‚Das Haus in Montevideo'", erzählt sie. In der Komödie, die 1951 mit Curt Götz in der Hauptrolle verfilmt worden war und ein Jahr später als künstlerisch bester Film den Bambi bekam, spielte sie die Tochter Freya, eines der zwölf Kinder des Professorenehepaars Nägler, das das berühmte,

Gertrud Füller freut sich über ein neues Kleid aus einem „Care-Paket" aus den USA oder aus Rom, wo Verwandte von ihr lebten. Stolz präsentierte sie es 1952 dem Fotografen auf dem Balkon in der Böttgerstraße.

Es gab auch ausgefallene Stoffe und Schnitte, wie bei dem karierten Überwurf von Gertrud Füller aus dem Jahr 1954.

moralisch anstößige Haus erbt. Drei Jahre lang tanzte und spielte Sylvia damals. „Das war für mich eine schöne Jugendzeit."

„Man wird langsam Dame, Schlager, Tanzen usw.", beschreibt Gertrud Füller den ersten Schritt zum Erwachsenwerden. „Weiße Söckchen und Schuhe, Pferdeschwanz, bunte wallende Röcke (wenn ganz fein, einen Petticoat) und schwärmen, schwärmen, schwärmen. Die ersten Platten, die einschlugen, waren ‚Wenn bei Capri die rote Sonne...' und andere." Auch Gisela Dahlem-Christ trug damals Petticoat und tanzte Rock 'n' Roll oder Boogie: „Wir hatten unsere Petticoats zum Teil selbst genäht. Meine Freundin trug die von ihrer Schwester mit dazu, wir hatten dann manchmal drei Petticoats übereinander an, wenn einer zu lappig war. Einen habe ich heute noch, der ist oben schmal und unten mit breiter Stickereispitze. Wir mussten ihn selber stärken und bügeln."

Auch in Frankfurt stieg das Interesse für das, was auf den Laufstegen der Modemetropolen gezeigt wurde. Modezeitschriften „für die moderne Frau" schossen wie Pilze aus dem Boden. Dennoch wurde die Mode streng diktiert, und niemand wagte es, „aus der Mode zu tanzen". „Sie war exakt dem Körper angepasst - entweder eng ansitzender Rock oder aber Glockenrock, der an der Taille genau passte", weiß Ursel Torff, die Anfang der fünfziger Jahre als Jugendliche nach Frankfurt kam. Der Garderobenbestand der Bundesbürger war jedoch sehr bescheiden, „man zog mehr oder weniger immer wieder dasselbe an. In den ersten Jahren trug ich in der warmen Jahreszeit oft Söckchen, das war völlig normal. Die Damenstrümpfe hatten hinten eine Mittelnaht. Das sah schick aus – aber leider verrutschte die Naht sehr oft. Und eine verrutschte Naht an den Strümpfen – das war unmöglich! So war ich unterwegs oft bemüht, heimlich die Strumpfnähte gerade zu ziehen. Die Laufmaschen an den Strümpfen wurden wieder aufgefädelt. Es gab diverse kleine Annahmestellen für defekte Strümpfe, die Laufmaschen aufkändeln ließen. Die Damenschuhe hatten in den frühen Fünfzigern einen höheren Blockabsatz. Die Frauen trugen oft Kopftücher, die einfach um den Kopf geschlungen, oft aber auch schick drapiert waren."

Und die Jungs? Die versuchten vor allem „cool" zu sein, wie Dieter Gräbner: „Es waren wilde Jahre damals in Frankfurt. Der Rock 'n' Roll überrollte uns. In Frankfurt trat Bill Haley auf und sang ‚One, two, three a clock'. Der Rhythmus packte mich.

Immer schön brav auf Distanz bleiben: Gertrud Füller 1956 beim Tanzen.

Kino, Kunst und coole Jungs   127

An das „Café Kranzler" an der Hauptwache erinnert heute noch der Schriftzug.
Damals konnte man auf der Kreuzung in der Innenstadt noch draußen sitzen.

1955

März:

- 1.3.: Erstmals landet wieder eine Maschine der Deutschen Lufthansa auf dem Flughafen.

Mai:

- Das modernisierte Waldstadion hat jetzt eine Aschenbahn nach internationalem Standard, und es bietet künftig für 87 000 Zuschauer, für 32 000 mehr als früher, Platz.

Juni:

- 9.6.: Bundespräsident Theodor Heuss besucht Frankfurt, um den Wiederaufbau des von Bomben zerstörten Kaisersaals zu feiern und zu würdigen.

August:

- Nach 107 Dienstjahren fährt die „Lokalbahn" ein letztes Mal ihre sechs Kilometer nach Offenbach.
- Vor dem Römer begrüßt der Oberbürgermeister die ersten Spätheimkehrer, die nach dem Abkommen Adenauers in Moskau aus russischer Gefangenschaft entlassen worden sind.

Dezember:

- Fast 615 000 Einwohner hat die Stadt jetzt.

Was sonst noch in Frankfurt wichtig war:

- Über den Flughafen Frankfurt wurden 4 736 133 kg Fracht und 1 726 972 kg Post in alle Länder der Erde versandt.
- Im gesamten Jahr werden 134 203 Gäste im Goethehaus registriert. Darunter sind 50 Studiengruppen aus den USA, England, Dänemark, Schweden und Frankreich.
- Die 1943 in Frankfurt geborene Marika Kilius gewinnt die Deutsche Meisterschaft im Eiskunstlauf. Die erst Zwölfjährige belegt mit ihrem Partner den ersten Platz.

Dieses Foto schenkte Ute ihrem damaligen Freund Hans-Jörg – inklusive Kussmund.

Dann kam Elvis Presley als GI nach Bad Nauheim. Und überall hämmerte es aus den Jukeboxen ‚Awoop baba looba ba lop bam boom'. Ich trug eine Lederjacke, die mir ein Captain der US Air Force geschenkt hatte. Und zog den Kopf zwischen die Schultern, ähnlich wie Marlon Brando in ‚Die Faust im Nacken'. Um ‚cool' zu sein, hatte ich lässig Zigaretten der Marke Overstolz-Filter oder Peter Stuyvesant im Mundwinkel kleben.

Fast jede Nacht war ich mit ein paar Kumpels in Frankfurt unterwegs. Einer

Hans-Jörg Pamp spazierte am Schumanntheater, gegenüber des Hauptbahnhofes entlang. „Damals hat man sich am Sonntag noch schick gemacht."

unserer Stammschuppen war das ‚St.Pauli' in der Münchner Straße. Dort spielten bis in die späten sechziger Jahre ‚Fats and his Cats'. Im ‚Hobby' an der Konstabler warteten die Mädels, bis sie zum Tanz geholt wurden. Auf dem Heimweg blieben wir dann oft noch in einer der vielen Kneipen hängen, im ‚Whisky à gogo' z. B., das Ossi Büttner gehörte. Der war Schwergewichtsboxer. Und dann gab es auf der Kaiserstraße noch das ‚Paradiso'. Das war teuer und nobel. Später hieß es ‚Café Express', und da saßen die Mädels, die auf Abruf Kundschaft in den Nobel-Hotels besuchten."

Ursel Torff erinnert sich an weniger verruchte Lokale, in die junge Pärchen ausgingen: „Es wurde sehr viel getanzt damals, nicht nur in den dafür vorgesehenen speziellen Tanzlokalen, sondern auch in Cafés und in Gastwirtschaften. Wenn keine Musiker zum Spielen da waren, so war mit Sicherheit eine Musikbox aufgestellt worden, die man nach Belieben selbst bedienen konnte. Etwas später, als wir finanziell ein wenig besser bestückt waren, gingen wir dann ab und zu in das damals sehr beliebte, zweistöckige Tanzcafé Rumpelmayer in der Gallusanlage 2 (es war bis Oktober 1952 in amerikanischer und englischer Hand, wurde anschließend mit 600 Plätzen wiedereröffnet); in das Gesellschaftshaus im Palmengarten, in ein kleines Tanzcafé im Nizza.

Eines der beliebtesten Cafés war das Wipra in der Nähe des Liebfrauenbergs. Die

Ursel Torff im schicken Kostüm beim Waldspaziergang: „In den ersten Jahren trug ich in der warmen Jahreszeit oft Söckchen, das war völlig normal."

Hübsche Braut: Ute Pamp, schon im Hochzeitskleid, das damals auch kurz und glockig sein durfte, wartet auf den großen Moment. Sie heiratete ihren Hans-Jörg 1958. Dabei war es nicht immer einfach, einen Partner fürs Leben kennen zu lernen. Auch in den fünfziger Jahren war es für Mädchen kaum möglich, mit Jungen auszugehen, die sich nicht zuvor offiziell den Eltern vorgestellt hatten.

verschiedenen Vögel und die Äffchen, die da herumturnten, begeisterten Jung und Alt. Manchmal ging's auch zu einer Vorstellung in das Zoo-Gesellschaftshaus. Zum Beispiel sang dort die kleine Cornelia: ‚Pack die Badehose ein…'. Ab und zu konnten wir uns einen Theaterbesuch leisten. Eine beliebte Abwechslung war der Wäldchestag, der einmal im Jahr stattfand. Auch dort war natürlich eine Tanzfläche aufgestellt worden, und zwar aus Holz.

Zu den vielen neuen Errungenschaften gehörte auch das Shampoo. Zuvor wusch ich meine Haare in Waschpulver und spülte mit Essigwasser nach. Eines Tages erschien meine Freundin bei mir und übergab mir ein kleines Kissen mit Shampoo. Ich warf den Inhalt in das Wasser, so wie zuvor das Waschpulver. Meine Freundin rief: ‚Was machst Du denn da? Das wird doch ganz anders gehandhabt.' Und sie erklärte mir die Benutzung des Shampoos.

Ich begann mir nach und nach Bücher zu kaufen, und zwar bei Bertelsmann. Die Firma Photo-Porst schrieb mir als Werbung: ‚Wenn heute nichts für Sie dabei ist, fresse ich einen Besen.' Da ich schon lange meine Box, die allerdings noch immer verhältnis-

mäßig gute Bilder machte, durch eine neue Kamera ersetzen wollte, rang ich mich zum Kauf einer ‚Voigtländer' durch, auf Abzahlung: Zehn Mark pro Monat. Ich antwortete dem Photo-Porst: Damit Sie keinen Besen zu fressen brauchen."

Schließlich habe man es für notwendig gehalten, dass die Menschen gute Umgangsformen beherrschten, berichtet Ursel Torff weiter. „Man macht dieses oder jenes so oder so. Man macht dieses oder jenes nicht.

Der stolze Konfirmant im ersten Anzug: Sylvia Wehner mit ihrem Bruder Norbert, der 1956 konfirmiert wurde.

Am Wäldchestag zog es ganz Frankfurt ans Oberforsthaus in den Stadtwald. Dort wurde richtig gefeiert. Das Bier stammte lange Zeit abwechselnd aus der Henninger- oder der Binding-Brauerei. Wer nicht so viel Geld hatte, brachte sich sein Essen selbst mit.

Rund um das
Oberforsthaus
standen dann
Wurstbuden,
Karussells oder
eine „Verlo-
sungs-Halle".
Der Andrang
dort war groß.

Kino, Kunst und coole Jungs   139

Obwohl es mir persönlich egal war, was man macht oder nicht macht, kaufte ich mir dennoch ein dickes Anstandsbuch, und meine Freundin und ich lasen gemeinsam darin, zum Beispiel: ‚Blumen überreicht man nicht im Einwickelpapier.‘ oder ‚Aus der Tatsache, wie jemand ein Buch behandelt, kann man Schlüsse auf seine Kinderstube ziehen...‘.

Meine Generation, die Generation der überlebenden Kriegskinder, passte sich theoretisch zwar an, tat aber praktisch, still und leise dennoch das, was sie wollte. Auch begannen nach und nach politische Diskussionen, zunächst jedoch im internen Kreis. Wir hatten den sehnlichsten Wunsch, dass nachfolgende Generationen das, was wir erfahren mussten, nie erleben mögen.

Im Großen und Ganzen habe ich die fünfziger Jahre in sehr guter Erinnerung. Sie waren die Jahre meiner Jugendzeit, und schon damals war es so, dass trotz Achtung vor Älteren der jungen Generation die Welt gehörte."

Die Fastnacht war für die Kinder der Fünfziger eine besondere Zeit. Gertrud Füller ging 1952 als Narr, die Klatsche in der Hand. Meist wurden die Kostüme selbst genäht. Wer es sich leisten konnte, ging zum Kostümverleih.

Der **Palmengarten** war ein **Ort**, an
dem sich junge **Pärchen** genauso
wohl fühlten wie ältere **Spaziergän-**
ger oder Familien mit **Kindern**. Dort
wurden nicht nur **Pflanzen** betrach-
tet, man konnte auch schon auf dem
großen **Weiher** rudern. Dieses Paar
genoss den romantischen **Moment**
im **Jahr** 1956.

Frankfurt – die Stadt des Jazz

Dank guter Kontakte zur amerikanischen Besatzungsmacht und dem französischen Jazzexperten Charles Delaunay konnte Horst Lippmann Anfang der 50er Jahre erstmals amerikanische Jazzstars in Frankfurt vor großem Publikum präsentieren. In der Folgezeit stieg er zum wichtigsten Jazzveranstalter der Republik auf. 1953 gründete er das Deutsche Jazzfestival, das Frankfurt alljährlich an Pfingsten zu einem Mekka des Jazz werden ließ und heute als das weltweit älteste noch bestehende Jazzfestival gilt. Ein Jahr zuvor hatte Carlo Bohländer den Jazzkeller, damals ‚domicile du jazz‘ eröffnet.

Diese Keimzelle des deutschen Jazz, aus der zahlreiche Formationen hervorgingen, zog Musiker aus ganz Deutschland, Europa und Amerika an, denn hier konnten sie ihre Musik frei von kommerziellen oder zeitlichen Beschränkungen spielen und entwickeln. Rund um den Frankfurter Keller tummelte sich die lebendigste und einflussreichste Jazzszene Deutschlands.

Mitte der 1950er Jahre erfasste die Welle der Jazzbegeisterung weitere Kreise als jemals zuvor oder danach. Die Deutsche Jazz Föderation nutzte diese Situation und schickte deutsche Bands von Frankfurt aus auf Deutschlandtournee. Fritz Rau lernte dabei sein Handwerkszeug als Konzertveranstalter, das er später in der Konzertagentur Lippmann & Rau einsetzte. Die weite Teile der Jugend erfassende Jazzbegeisterung führte zur Amateur-Jazzbewegung. Auch hier spielt Frankfurt eine besondere Rolle: Es brachte mit den Two Beat Stompers Deutschlands erste maßgebliche Amateur-Jazzband hervor, stellte viele Sieger des alljährlich in Düsseldorf stattfindenden nationalen Wettstreits der Jazzamateure und zeichnete sich vor allem durch ein freundschaftliches Verhältnis zwischen Profi- und Hobbymusikern aus.

In den Fünfzigern konnte Frankfurts Vorrangstellung als „Jazzhauptstadt der Republik" kaum ernsthaft angezweifelt werden. Es war die Gründerzeit des Frankfurter Jazz: Jazz im Palmengarten, die mittlerweile älteste regelmäßig stattfindende Open-Air-Jazzkonzertreihe, wurde 1959 ins Leben gerufen. Ein Jahr zuvor hatte der Hessische Rundfunk das Jazzensemble gegründet – auf Betreiben Horst Lippmanns, der der wachsenden Jazzgemeinde im gleichen Jahr das Jazzhaus in der Kleinen Bo-

Christine Bünz (heute Wimmel) nähte sich ihr Kleid für die Tanzstunde
selbst. 1955 nahm sie an einer Amateur-Modenschau teil und gewann
mit dem Ballkleid den zweiten Preis, einen Handstrickapparat.

ckenheimer Straße bescherte und bereits zwei Jahre zuvor gemeinsam mit Carlo Boländer das Storyville, den heutigen Sinkkasten, eröffnet hatte.

„Die gegenwärtige Situation des Jazz in Deutschland ist dadurch gekennzeichnet, daß er das zahlenmäßig weitaus stärkste Publikum hat, aber außerhalb des offiziellen Musikgeschehens steht", stellte die FAZ im Frühjahr 1956 fest. Die Mehrheit stimmte also mit den Füßen ab – und die obersten Kulturhü-

ter folgten ihr bald. In der zweiten Hälfte der 1950er Jahre erfreute sich der Jazz einer einmaligen Popularität hierzulande. Das wirkte sich natürlich nicht nur auf die Besucherzahlen der großen Konzerte aus, sondern auch auf die Clubszene.

Quelle: Schwab, Jürgen: Der Frankfurt Sound. Eine Stadt und ihre Jazzgeschichten. Frankfurt am Main, 2004.

Deutsches Jazz-Festival

1953 wird Frankfurt zur „Jazzhauptstadt der Republik". Das Deutsche Jazz-Festival ist das älteste Jazz-Festival der Welt und findet jedes Jahr im Herbst im großen Sendesaal des veranstaltenden Hessischen Rundfunks in der Bertramstraße 8 (Dornbusch)

statt. Auf der Bühne stehen prominente Jazzer aus aller Welt, und die Förderung des musikalischen Nachwuchses prägt ebenfalls das Profil des Festivals.

Quelle: Blath, Martin: Frankfurt von A bis Z. Das Stadtlexikon für Einsteiger und Fortgeschrittene. Frankfurt am Main, 2004.

Zur Tanzstunde ging Christine Bünz in die „damals sehr renommierte Tanzschule Arno Günter", die gegenüber dem Frankfurter Hof war. Das Foto aus dem Jahr 1955 zeigt ihre Tanzklasse. Bevor Walzer, Foxtrott oder Tango gelehrt wurden, gab es einige Anstandsregeln. Wer seine Tanzpartnerin zum Abschlussball einladen wollte, musste meist zuvor einen Anstandsbesuch bei den Eltern absolvieren.

1956

Das Jahr im Überblick

Januar:
- Die Amerikaner räumen die beschlagnahmte Römerstadt.

März:
- Der Hessische Rundfunk zieht von der Eschersheimer Landstraße zum Dornbusch. Die Musikhochschule zieht in die alten Gebäude des HRs.
- Bei Schwanheim zerstört ein durch Funkenflug entstandener Waldbrand etwa 23 ha Stadtwald.

April:
- 21.–24.4.: Unter dem Protektorat des Frankfurter Bürgermeisters findet die 8. Rauchwaren-Fachmesse und Neuheiten-Ausstellung – die einzige dieser Art in der ganzen Welt – statt.

Mai:
- 4.5.: Ulrike Meyfarth (Leichathletin, Hochsprung-Olympiasiegerin) wird in Frankfurt geboren.

Juli:
- 10.7.: Das „Frankfurter Kreuz" – die größte und modernste Straßenkreu-

zung in Deutschland – wird als Autobahnknotenpunkt eröffnet.

- 8.7.: Endspiel um die Handball-Weltmeisterschaft der Frauen im Stadion.

August:

- Versuchsweise stellt die Post die werktags übliche dritte Briefzustellung ein.

September:

- Der verdiente und allseits anerkannte erste Frankfurter Nachkriegs-Oberbürgermeister Kolb erliegt einem Herzschlag. In Prof. Albert Schweitzers Kondolenzbrief steht zu lesen: „... Es hat eine Bedeutung in Frankfurts Geschichte, daß dieser Mann der Stadt, die in Trümmern lag, zur Verfügung stand und ihr eine Auferstehung bereitete, die denjenigen, die sie miterlebten, wie ein Wunder anmutete und ein Gegenstand des Staunens für die kommenden Geschlechter bleiben wird ....“

- 18.9.: Eröffnung des ersten Parkhauses der Stadt an der Hauptwache, fünfgeschossig mit Stellplätzen für 400 Autos und 70 Motorräder. Es ist zugleich eines der ersten Parkhäuser der Bundesrepublik Deutschland.

November:

- 80 000 DM sammeln die Studenten der Universität für die Ungarnhilfe.

Dezember:

- In Luftschutzbunkern lebt jetzt niemand mehr.

Was sonst noch in Frankfurt wichtig war:

- Uschi Sieber wird „Miss Frankfurt“ und ist später bekannt als Joachim Kulenkampffs Fernseh-Assistentin.

Auch Ilse Hellwig nähte sich 1959
ihr Abschlussball-Kleid selbst. „Es
hatte vier hellblaue Tüllröcke übereinander und das Oberteil war aus
blausilbernem Brokat. Dazu Brokat-
schuhe! Einfach toll!"

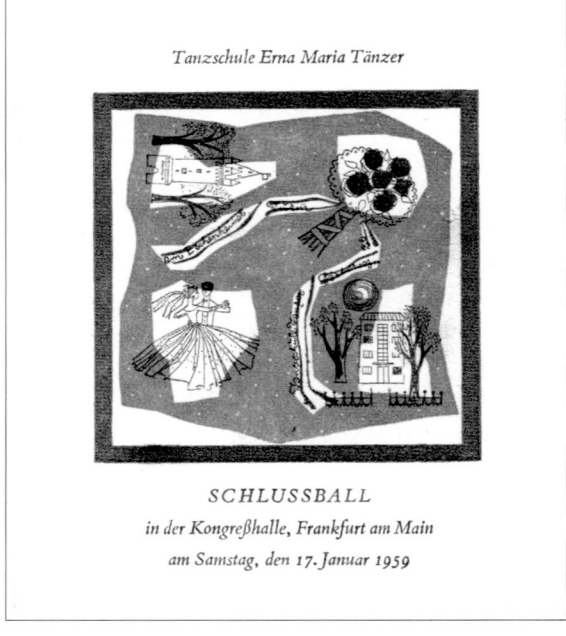

Tanzschule Erna Maria Tänzer

SCHLUSSBALL
in der Kongreßhalle, Frankfurt am Main
am Samstag, den 17. Januar 1959

Ilse Hellwig hat sogar die Ballkarte
ihres Abschlussballs in der Tanzschule Erna Maria Tänzer aufgehoben.

Tanzschule TÄNZER
Frankfurt am Main · Gärtnerweg 26

EINTRITTSKARTE
ZUM

Winter-Ball

*am Samstag, 17. Januar 1959, um 19 Uhr
in der Kongreßhalle, Platz der Republik*

*Saaleinlaß 18.30 Uhr – Ende gegen 1 Uhr
Eintritt DM 4,50*

*Garderobe:
Herren dunkler oder Abendanzug
Damen Abendkleid*

Karten auf Verlangen dem Steuerbeamten vorzeigen

00549 ✳

**Die Eintrittskarte zu dem Winterball zeigt, dass für 4,50 Mark damals schon
bis nach Mitternacht gefeiert werden durfte.**

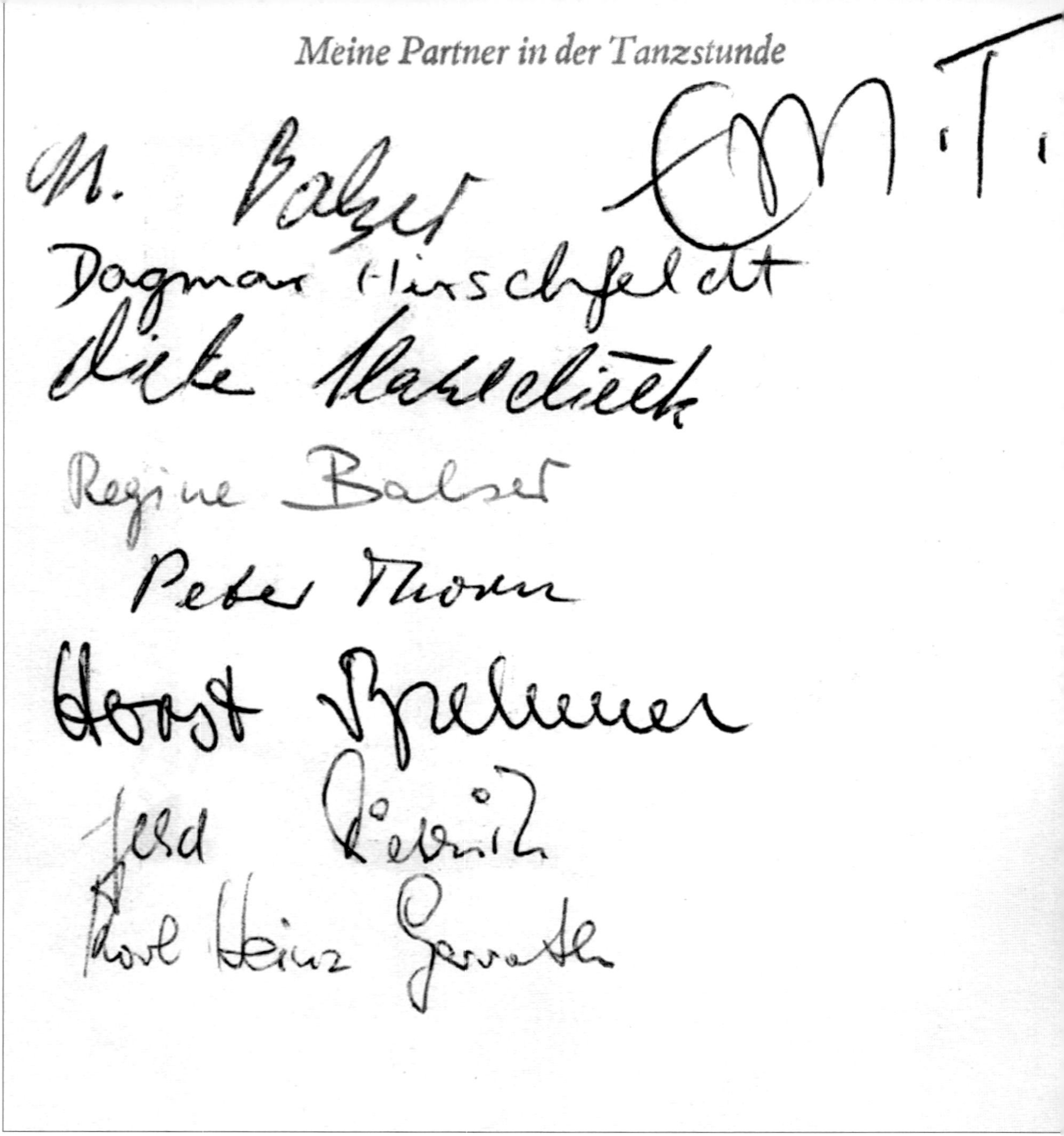

M. Balzer

Dagmar Hirschfeldt

Dieke Nahrdieck

Regine Balzer

Peter Thörn

Horst Brehmer

Jörd Petrich

Karl Heinz Gerrath

Auf ihrer Ballkarte sammelte Ilse Hellwig die Autogramme ihrer Partner, inklusive einem großen Kompliment: Ihr Tanzpartner Rainer unterschrieb „der Schönsten vom Ball".

Helga

Der Schönsten vom Ball

E. Preiß

Rainer Walowski

Sportveranstaltungen wie die Sechstagerennen in der Festhalle, Boxkämpfe oder Radrennen, wie hier auf der Radrennbahn des Stadions, waren in den fünfziger Jahren sehr populär. Zum Sechstagerennen ging man mit belegten Brötchen und ein paar Flaschen Cola und blieb die ganze Nacht bis zum nächsten Morgen um sieben Uhr. Der Hunger nach solchen Veranstaltungen nach dem Krieg war deutlich zu spüren.

Kunst und Kultur kehren zurück

Frankfurt Anfang der Fünfziger: „Die Stadt, immer noch von Bombenkriegswunden gezeichnet, schwang sich mit dem Prickeln der ‚roaring twenties' und eiserner Wiederaufbauenergie peu à peu zur Mainmetropole hoch", erinnert sich die Journalistin Jutta W. Thomasius: „Den Spitznamen ‚Mainhattan' trug sie bereits. Ich war, als hessengebürtiger Flüchtling, mit Null Besitz, zuerst bei der amerikanischen ‚Neuen Zeitung', dann beim ‚Frauenjournal', schließlich bei der ‚Neuen Presse' und ihrer „Nachtausgabe' gelandet. Und so journalistisch von morgens bis spätnachts auf Achse. An

den Städtischen Bühnen hatte die ‚Ära Buckwitz' begonnen. Der ‚General', so das liebevoll-respektvolle Attribut von Ensemble und Verwaltung für den neuen Generalintendanten, sorgte mit Brecht-Stücken, spektakulär aufbereiteten Klassikern und Neuwelt-Theater für aufregende Spielpläne. Ich atmete mit seinen Vasallen oder Leuten von Film, Bildender Kunst und Literatur entweder in Hänschen Kramers Freßgass'-Etablissement, im Kellerlokal ‚Carpe Noctem' Kaiserhofstraße oder bei Künstlermutter Maria Christiana Leven, die mit ‚Kellnerin' Toni Weigand aus ihrem ‚Grünen Wagen' in den Mittelweg umgezogen war, die lang entbehrte Luft von Kultur und Geselligkeit.

Eines Tages kam der amerikanische Schriftsteller, Harvard-Professor, Träger der Frankfurter Goethe-Plakette und auch des ‚Friedenspreises des Deutschen Buchhandels', Thornton Wilder

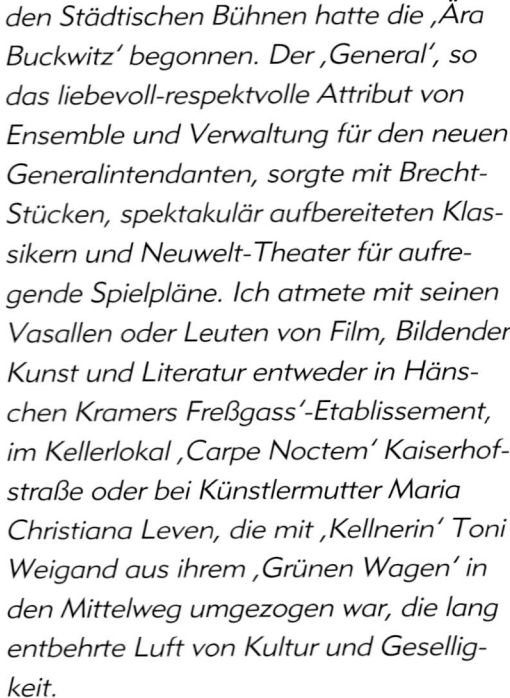

Kurt Henkel erinnert sich an seinen Urlaub an der Ostsee: „Die Kurverwaltung stellte am Strand eine Zeltstadt auf, in der sich die Urlauber sehr wohl fühlten. Sand aus erster Hand, Wasser vor dem Zelt, die Erholung war garantiert."

Rad fahren war damals Vereinssport. Hans-Jörg Pamp war Mitglied im Radfahrverein „Nassovia" 1889 Limburg-Lahn. „Ich hatte ein aus vielen Einzelteilen zusammengebautes Rennrad, mit dem ich bis zum Bodensee gefahren bin. Wir hatten ein Militärzelt dabei, das aus vier zusammenknöpfbaren Bahnen bestand, wobei jeder von uns eine Bahn transportieren musste. Als Schlafunterlage diente Stroh vom Feld."

(1897 – 1975) nach Frankfurt. Seine Komödie ‚Die Alkestiade', in England uraufgeführt, hatte ‚General Harry Buckwitz" als deutsche Erstaufführung angekündigt. Der Autor reiste persönlich an. FNP-Lokalchef Richard Kirn und der damalige Feuilleton-Boss Manes Kadow legten mir nahe: ‚Bringen Sie uns ein Interview mit Wilder!' Die Städtischen Bühnen winkten ab: ‚Mister Wilder gibt keine Interviews.' Ich wusste: Er logiert im ‚Frankfurter Hof'. Also rief ich einfach dort an und bat, mich mit seinem Zimmer zu verbinden. Eine sympathische Stimme sagte: ‚Hallo'. Ich meldete mich mit Name und Anliegen. Erzählte auch, wie tief mich seine Stücke ‚Unsere kleine Stadt' und ‚Wir sind noch einmal

davongekommen' beeindruckten; wie gespannt ich nun auf die ‚Alkestiade' sei; und ob er mir, bitte, ein kleines Interview gewähren könne … Kurzes Schweigen am anderen Ende der Strippe. Endlich, in bestem Deutsch: ‚Sie haben so eine nette Stimme. Also: Wann und wo treffen wir uns?' Ich werde kühn: ‚Könnten da vielleicht Feuilleton-Kollegen von den anderen Frankfurter Tageszeitungen dabei sein? Und wir sehen uns im originellen Künstlerlokal von Frau Leven? Ich hole Sie ab!' Thornton Wilder stimmt zu. Ich rotiere. Noch am selben Abend war bei Maria Christiana ein ‚Wilder-Revier' reserviert. Auch Maler Ferry Ahrlé fehlt nicht in der Runde. Weil der Gast gebeten hatte:

1951 reisten Elisabeth und Kurt Henkel in die Berge: „Große Mode waren damals Lederhosen, kariertes Hemd, weiße Socken und Haferlschuhe. Es gab kein Fernsehen, keine Dusche und keine Toilette im Zimmer, aber die noch leere und reine Natur entschädigte für den noch nicht vorhandenen Komfort. In der Erinnerung war es damals schöner als heute."

,Keine Fotografen.' Aber malende Portraitisten nicht ausdrücklich ausklammerte. Beste Stimmung kam auf. Wilder beantwortete Fragen lustvoll. Wendete sich jeweils an mich, wenn ihn ein hessischer Satz sanft aus dem Konzept brachte. Man landete natürlich auch bei Goethe, dem Frankfurter Sohn. Er verbeißt sich in dessen ,Urfaust'; und in die Zusammenhänge der Gretchen-Figur mit der hingerichteten Kindsmörderin Anna Margaretha Brandt. Ich korrigiere einen vermeintlichen ,Wilder-Irrtum'. Worauf der berühmte Mann mit dem rechten Zeigefinger wackelt und schmunzelnd sagt: ,Na, da hätten wir also auch unsere Frau Eckermann!' Sein charmanter verbaler Nasenstüber blieb mir in schönster Erinnerung.

An eine andere, reale, sicht- wie hörbare Maulschelle denke ich ebenfalls manchmal. Sie traf allerdings seinerzeit nicht mich, sondern die Filmschauspielerin Eva Bartok. Der sie ihr verabreichte, war Ehemann Curd Jürgens (1915–1982). Ort des Geschehens : Hänschen Kramers berühmter Club mit Guckloch in der Eingangstür, Schlüssel für Stammgäste; und dem Pianisten Jochen, der – auf halber Höhe des Lokals wie in einem Schwalbennest installiert – unermüdlich für gedämpfte Barmusik sorgte. Die Bartok war Star eines Films, der 1955 in Wiesbaden gedreht wurde. Sie trug vom

Der Taxifahrer Kurt Henkel hatte 12 Arbeitstage tariflichen Urlaub, wobei der Samstag als Arbeitstag galt. Die wenigen Tage wurden aber richtig genutzt, mit seiner Frau Elisabeth fuhr er 1952 an die Ostsee. „In Scharbeutz hatten die Engländer alle Hotels und Pensionen beschlagnahmt." Deshalb schlief man im Zelt.

Frankfurter Modehaus Toni Schießer entworfene und geschneiderte Roben, die in Tonis Salon anprobiert wurden. Mit Curd genoss sie das ‚dolce vita' nach den Dreharbeiten. In der Ehe kriselte es schon. Wenn ihr etwas nicht passte, wurde die temperamentvolle Ungarin laut. So auch an jenem späten Abend, als ich mit Freunden bei Hänschen eine ‚Nikolaschka', das In-Getränk jener Zeit, schlürfte. Und den Disput Jürgens contra Jürgens verfolgte. Plötzlich ein explosives Geräusch. Curds Rechte hatte den Mund der Gattin getroffen. Ein zweiter Klatsch traf deren linke Wange. Dann herrschte – außer Madame Bartoks Diskant – im Nachtclub Totenstille. Sogar Jochens sanftes Geklimper war verstummt. Als Lokalboss Kramer endlich, in schönstem Elsässerisch, kundtat: ‚Dos hätt' g'sessa' waren Curd und Eva nicht mehr vorhanden."

Jutta W. Thomasius

Der Stadtwald war ein beliebtes Ausflugsziel, ob zum Spazieren gehen, Herumtollen oder Pilze sammeln. Auch Sylvia Wehner war mit ihrer Mutter und ihrem Bruder 1955 dort unterwegs.

Gertrud Müller: Keiner weiß, wie es geschah

„Noch nie gab es bei uns einen so geheimnisvollen Mord." Das war eine von vielen Schlagzeilen in den letzten Apriltagen 1956. Der Satz gilt noch heute.

Die erste Meldung über das Verbrechen stand am Samstag, 21. April, unter dem Titel „Mord bei Darmstadt" in den Zeitungen: „Im Wald bei Darmstadt wurde am Freitag (20. April) die unbekleidete Leiche eines jungen Mädchens gefunden. Das Opfer ist die 16-jährige Gertrud Müller aus Frankfurt-Eckenheim. Der unbekannte Mörder hat das Mädchen durch einen Stich in den Hals getötet." Großfahndungen, Aufrufe an die Bevölkerung – 1000 Mark Belohnung waren für brauchbare Hinweise ausgesetzt – brachten nicht den geringsten Hinweis auf den Mörder, nicht einmal auf den Tatort. Alle Spuren verliefen im Nichts. Der Mord an einem jungen Menschen, unbegreiflich in seiner Grausamkeit, blieb ungesühnt.

Dies waren die ersten Mitteilungen, die von der Polizei in Darmstadt herausgegeben wurden: Beim morgendlichen Streifengang durch den Wald sah ein Förster zwanzig Meter neben der Kreuzung Salzlachschneise und Dammschneise die Leiche des Mädchens auf dem Boden liegen. Sie war flüchtig mit einigen Kiefernzweigen bedeckt. Über dem rechten Auge war der Schädel eingeschlagen, ein tiefer Schnitt durch die Kehle bis an den Halswirbel hatte fast den Kopf vom Rumpf getrennt. Das Mädchen war nur mit Strümpfen bekleidet.

Gertrud Müller wurde nicht im Wald ermordet. Am Fundort der Leiche waren weder Blutlache noch Spuren eines Kampfes zu entdecken. Selbst auf dem Schal, den der Mörder in die Halswunde gestopft hatte, waren keine Blutspuren. Der Amtsarzt bescheinigte: Der Körper des Mädchens war schon völlig ausgeblutet, als er in den Wald gefahren wurde. Der Mord müsse in einem geschlossenen Raum geschehen sein. Die gerichtsärztliche Untersuchung ergab, dass der Tod durch Verbluten als Folge des Halsschnittes eingetreten ist. Die Polizei glaubte, dass die Tat in einer Garage, einem abgelegenen Haus oder einer Jagdhütte hätte geschehen können, auch ein Hotel als Tatort wurde in Erwägung gezogen. Erste Fahndungen gingen in diese Richtung.

Gertrud Müller, die von den Verwandten, Freunden und Kolleginnen „Änny" gerufen wurde, lebte bei ihren Eltern im Frankfurter Vorort Eckenheim und war in einem Friseursalon des Westends im dritten Lehrjahr. Bereits in ersten Berichten war die Rede davon, dass sie am Donnerstag, dem 19. April, mittags bei einem Botengang in der Kaiserstraße einen Mann kennengelernt habe, mit dem sie sich noch am gleichen Abend treffen wollte. In der folgenden Nacht kam sie nicht nach Hause. Die besorgten Eltern riefen am nächsten Morgen im Friseursalon an, doch dort wusste man nichts. Sie gingen zur Polizei, bekamen aber den Bescheid, dass Vermisstenmeldungen erst nach 24 Stunden angenommen werden. Am Morgen darauf wurde es dann zur Gewißheit. „Änny" war tot. Die Meldungen über den sensationellen Mordfall überschlugen sich. In einer Pressekonferenz der Darmstädter Polizei war die Rede davon, dass Gertrud Müller ausgesehen habe wie eine Zwanzigjährige, dass sie gern mit Männerbekanntschaften geprahlt und ein starkes Geltungsbedürfnis gehabt habe. Der Brief eines Rechtsanwaltes, der mit der Familie befreundet war, zeugte von der Erschütterung, mit der Eltern und Verwandte solche Berichte aufgenommen haben. Gertrud Müller lebte in einer gutbürgerlichen Familie, hieß es da. Sie sei immer mit ihren zwei Schwestern zusammen gewesen. Ihren Eltern gegenüber sei sie stets aufrichtig gewesen, habe ein zurückhaltendes Wesen gezeigt und sei nie über Nacht ausgeblieben. Nie habe sie Aben-

teuer gesucht, Einladungen habe sie abgelehnt. Sie sei noch recht kindlich gewesen, etwas schüchtern und verschlossen. Die freundschaftlichen Beziehungen zu einem Eckenheimer Jungen seien von der Familie ausdrücklich gebilligt worden. Was bei allen Ermittlungen nie in Zweifel gezogen werden konnte: „Änny" Müller war ein ganz normales Mädchen aus gutbürgerlichem Haus. Auch darüber, dass sie sich am 13. April für die Vorwahl zur Miss Frankfurt bewerben wollte, waren die Eltern und Schwestern informiert. Die junge Friseuse durfte jedoch an der Wahl nicht teilnehmen. Sie war noch keine 18 Jahre alt. An diesem Abend kam sie erst nach Mitternacht nach Hause. Sie sei im Kino gewesen, erzählte sie. Ob sie an diesem 13. April bereits einen Mann kennen lernte, weiß niemand.

Richard Kirn schrieb in der Frankfurter Neuen Presse: „Die Kriminalpolizei hat es unheimlich schwer ... Der Mörder ist ein Wolf, ein Vampir, man muss ihn fangen, erschlagen am liebsten. Alles schreit nach Vergeltung – nur eben: Mit dem Aufschrei ‚Warum habt ihr ihn noch nicht?' ist wenig getan."

Eine Sonderkommission wurde gebildet. Sie gingen jedem Hinweis aus der Bevölkerung nach. Doch brauchbar waren zunächst nur die Aussagen der Chefin im Friseursalon und einer älteren Kollegin. Die Inhaberin des Salons wusste nur Gutes über die zurückhaltende Art, die Zuverlässigkeit und den Fleiß ihres Lehrlings zu berichten. Doch wunderte sie sich, als Änny von einem Botengang lange nicht zurückkehrte. Sie habe das Mädchen um 12 Uhr zu einer Kollegin in der Weserstraße geschickt. Als Änny erst nach 15 Uhr zurückgekommen sei, habe sie erklärt, ihr sei schlecht geworden, sie habe auf einer Bank in den Anlagen gesessen.

Gegen 17 Uhr verließ Gertrud Müller mit der Kollegin das Geschäft. Sie gingen gemeinsam zur Straßenbahnhaltestelle. Die Kollegin äußerte Zweifel daran, dass das Mädchen nur so lange ausgeblieben war, weil ihm schlecht geworden war. Änny zeigte sich etwas verärgert, erzählte aber dann doch diese Geschichte: Am Vormittag habe sie bei ihrer Besorgung die Bekanntschaft eines Mannes gemacht. Neben ihr am Straßenrand habe ein Wagen angehalten, der Fahrer habe sie gefragt, wo es zum nächsten Polizeirevier gehe, denn er habe in einer Telefonzelle seine Brieftasche liegen gelassen und nicht wiedergefunden. Der Mann sei in Begleitung einer Frau gewesen, die er als seine Schwester vorgestellt habe. Die beiden hätten erzählt, dass sie neu nach Frankfurt gezogen wären und noch in einem Hotel am Hauptbahnhof wohnten. Sie hätten Änny gebeten, ihnen doch etwas vom Frankfurter Nachtleben zu zeigen. Gertrud Müller stieg nicht, wie sonst üblich, in die Straßenbahn der Linie 13, die nach Eckenheim fuhr, sondern nahm den Weg Richtung Hauptbahnhof.

Das war alles, woran sich die Polizei halten konnte. Am 16. Mai, vier Wochen nach der Tat, wurde die Belohnung von 2000 auf 5000 Mark erhöht. Hunderte von Hinweisen waren inzwischen aus der Bevölkerung gekommen. Die Sonderkommission der Polizei filterte 341 Spuren heraus, ging ihnen sorgfältig nach. Alles ohne Erfolg. Richard Kirn schrieb: „Es wird ein glücklicher Tag sein für die ganze Bevölkerung der Landschaft Frankfurt, wenn die stählernen Schellen um die Handgelenke dieses Mörders zusammenknacken." Es gab ihn nicht, diesen glücklichen Tag.

Quelle: Leweke, Wendelin: „Gretchen" und die Nitribitt. Frankfurter Kriminalfälle. Frankfurt am Main, 1991.

Ganz Frankfurt auf der Suche
nach den Raubmördern

„Eine ganze Stadt sucht die Raubmörder von Bockenheim. – Zwei Tote und ein Verletzter bei dem Überfall auf eine Bankfiliale. – Ein angeschossener Räuber ist gefasst. – Debatten über die Todesstrafe." In ihren Ausgaben vom Montag, 18. August 1952, waren die Zeitungen voll mit Berichten über das, was am Samstag vorher geschehen war: *„Der erste und gleichzeitig frechste Bankraub, den die Kriminalgeschichte von Frankfurt jemals verzeichnen konnte."* Im Stadtteil Bockenheim, wo die Tat geschehen war – ausgeführt von jungen Männern, die hier aufgewachsen waren und lebten –, war die Erregung besonders groß. Man redete sich die Köpfe heiß über die Todesstrafe, die erst vier Jahre vorher abgeschafft worden war. *„Gleich aufhängen!"* und *„Totschlagen!"* wurden zu gängigen Schlagworten.
Am Samstag, 16. August 1952, als die Bahnhofsuhr auf 12.07 Uhr zeigte, geschah am Kurfürstenplatz dies: Vor der Filiale der Deutschen Effekten- und Wechselbank fuhr ein brauner Volkswagen vor. Drei maskierte Männer sprangen heraus und stürmten in die Schal-

terhalle der Bank. Der Bankangestellte Karl Wagner, der sich allein im Raum befand, rief laut um Hilfe. Aus dem hinteren Zimmer kamen der Kassierer Ernst Wahl und der Kassenbote Ludwig Zeller. Der eine Bankräuber fing sofort zu schießen an. Der Kassierer Wahl wurde tödlich getroffen, der schwerverletzte Kassenbote Zeller schleppte sich noch in den Hof, wo er zusammenbrach und starb. Der Prokurist Karl Wagner wurde durch einen Bauchschuss verletzt. Rudolf Kirchner, einer der drei Bankräuber, der als *„Kassierer"* ausersehen war, griff in die Kasse, übersah aber in dem Tumult eine stählerne Geldkassette, in der sich 40 000 Mark befanden. Er stopfte lediglich eine Aktenmappe mit Banknoten voll. Kirchner selbst geriet in den Kugelregen seiner Freunde, fing sich einen Schuss in der Lunge und einen in den Oberarm ein. Bei der Flucht ließ Kirchner auch noch die Aktentasche mit 2000 Mark liegen. Die drei Räuber steckten nur ein paar umherliegende Scheine in die Tasche. Es waren etwas über 900 Mark. Während dies in der Schalterhalle geschah, versuchte im ersten Stock des

Hauses eine Bankangestellte, die Polizei anzurufen. Die Verbindung kam nicht zustande. Die drei Männer, die sich Nylonstrümpfe mit Sehschlitzen über die Köpfe gezogen hatten, sprangen durch ein Fenster der Schalterhalle und erreichten unbehelligt den Volkswagen. Sie flohen in Richtung Ginnheimer Höhe. Wenig später konnte die Polizei – von einem Bürger alarmiert, der zunächst selbst die Verfolgung mit dem Auto aufgenommen hatte – Rudolph Kirchner auf einem Kleingartengelände festnehmen.

Seine beiden Komplizen hießen Johannes Maiß und Karl Heinz Maikranz. „Die drei waren unzertrennlich", erzählten nachher die Bockenheimer, die mit den Familienverhältnissen der Bankräuber vertraut waren. Kirchner wurde „Blondie" genannt, Maiß war der „Dicke" und Maikranz das „Baby". Er war erst 24 Jahre alt, die beiden anderen 28. Der Jüngste hatte die tödlichen Schüsse abgegeben. Aus der Pistole, die Maiß mit sich führte, wurde nur einmal geschossen, Kirchner war unbewaffnet.

Nach dem Überfall fuhren die drei zunächst auf die Ginnheimer Höhe, wo die Familie Maikranz einen Kleingarten besaß. In der Laube berieten sie, wie es weitergehen solle. Der verletzte Kirchner war den beiden anderen ein Klotz am

Bein. Maikranz soll vorgeschlagen haben, den Komplizen umzulegen. Maiß soll abgewehrt haben: „Kommt nicht in Frage!" Maiß und Maikranz flüchteten zu Fuß weiter und ließen den schwerverletzten Freund zurück. Der Polizeihund „Prinz" stellte ihn. Kirchners erste Worte, als er festgenommen wurde: „Ich habe nicht geschossen!"

An diesem Samstagnachmittag war ganz Frankfurt in Aufruhr. Der Rundfunk rief die Bevölkerung auf, sich an der Mördersuche zu beteiligen. In Scharen durchstreiften Bürger die Kleingartenanlagen der Stadt. Straßensperren ware überall, alle Volkswagen wurden überprüft, junge Ausflügler streng kontrolliert. Kirchner hatte bei der ersten Vernehmung gesagt, das Trio habe bei der Vorplanung zum Überfall bereits das mögliche Scheitern einbezogen. In einem solchen Fall hätten sie flüchten und sich bei der Fremdenlegion melden wollen.

Während ganz Frankfurt nach ihnen suchte, hatten sich Maiß und Maikranz – inzwischen in anderer Kleidung, die sie unter Mänteln, Jacken und Hosen schon angehabt hatten – ganz gemächlich abgesetzt, waren sogar noch einmal am Tatort vorbeigekommen, waren mit der Straßenbahn zum Hauptbahnhof gefahren, hatten zwei

Fahrkarten nach Mannheim gelöst und waren mit dem Eilzug um 14.10 Uhr abgefahren. Im Bahnhof hatte die Fahndung noch nicht eingesetzt.

In Mannheim kam der Zug gegen 16 Uhr an. Die beiden Flüchtigen kleideten sich in einem Konfektionshaus neu ein, schlugen sich dann, vermutlich per Anhalter, nach Landau und schließlich nach Offenburg durch. Sie wollten zur Werbestelle für die Fremdenlegion, die aber schon geschlossen war. Sie blieben über Nacht, fuhren am nächsten Morgen mit dem Taxi nach Kehl. Durch einen Stacheldraht krochen sie auf französisches Gebiet. In Straßburg schließlich konnten sie sich in die Meldeliste für die Fremdenlegion eintragen. In einer Kaserne bekamen sie einen Schlafplatz zugewiesen. Von anderen Bewerbern erfuhren sie, dass sie am nächsten Tag einen Fragebogen ausfüllen müssten. Sie hatten sich unter falschen Namen eingetragen und bekamen nun Angst, die Sache würde auffliegen. Sie flüchteten erneut.

Bis zur Stadt Besançon nahe der Schweizer Grenze schlugen sie sich durch. In Mühlhausen schon sahen sie die beiden Fotos auf den Titelseiten französischer Zeitungen. Auch in Frankreich wurde nach ihnen gefahndet. In Besançon saßen sie in einem Café und wussten nicht mehr weiter. Johannes Maiß hatte plötzlich das Bedürfnis, in die Kirche zu gehen, Karl Heinz Maikranz nahm einen anderen Weg. Er ging zur Polizeipräfektur und versuchte, dem diensthabenden Kommissar mit Zeichen klar zu machen, dass er und sein Freund die Todesschützen aus Frankfurt seien. Sie kamen hinter Schloss und Riegel und legten ein umfassendes Geständnis ab. Zusammen besaßen sie noch etwa 150 Mark, zum Teil in französischer Währung.

Quelle: Leweke, Wendelin: „Gretchen" und die Nitribitt. Frankfurter Kriminalfälle. Frankfurt am Main, 1991

„Das Mädchen Rosemarie" – ein öffentlicher Fall

Der Abend des 1. November 1957 wird dem diensthabenden Redakteur, der im Büro in der Schillerstraße den Schlussdienst der Lokalredaktion übernommen hatte, unvergesslich bleiben. Ein kurzer Anruf kam von der Polizei: „Mord in der Stiftstraße 36." Das was nur ein paar Schritte von der Redaktion entfernt, im Haus des „Turmpalastes" neben dem Eschenheimer Turm. Der Redakteur ging hin. Schon im Treppenhaus sagte ein Kollege: „Es ist die Rosie." – „Wer?" – „Die mit dem Mercedes." Mehr brauchte er nicht zu sagen. Am nächsten Morgen waren die Zeitungen voll davon. Frankfurt hatte seinen „Fall Nitribitt".

Es war wie ein Ventil. Nicht das grausame Ende der 24-jährigen Rosemarie Nitribitt, die in ihrem Appartement drei Tage lang, von ihrem Pudel bewacht, gelegen hatte, war das Thema des Tages, sondern ihr Leben. Der Tod der jungen Frau löste die Zunge, Tabus wurden gebrochen, „Nitribitt-Witze" gingen von Mund zu Mund. Die fünfziger Jahre dieses Jahrhunderts waren geprägt von starren Moralbegriffen, die man später nur noch als „Prüderie" bezeichnen konnte. Filme wie „Die Sün-

derin", ein harmloses Prostituierten-Melodram, wurden so verteufelt, dass das neugierige Publikum schließlich in Scharen hinströmte. „Erotische" Darstellungen in Wort, Bild oder Film waren tabu, wurden mit hohen Strafen belegt. Viele Bürger wussten noch gar nicht, was ein „Callgirl" war. Das Wort von der Luxusdirne setzte sich durch. Das war etwas Neues.

Den Tatablauf, für den es keinen Zeugen gab außer dem Mörder selbst, rekonstruierte ein Gerichtssachverständiger so: „Rosemarie, die mit einem grauen Kostüm bekleidet war, wurde in dem Augenblick von ihrem Mörder überfallen, als sie zum Telefon greifen wollte, dabei erhielt sie einen Schlag auf den Hinterkopf oder wurde mit dem Kopf auf die Sessellehne aufgeschlagen. Sie verlor zunächst das Bewusstsein, wurde aber dann – nach heftiger Gegenwehr – von hinten erwürgt. Dabei fiel sie vor die Couch, wo sie später gefunden wurde."

Wer war der Mörder? Die Staatsanwaltschaft schrieb zunächst eine Belohnung von 3000 Mark aus, die später auf 5000 Mark erhöht wurde. Wie bei fast allen

Tötungsdelikten, deren Opfer Prostituierte sind, gab es zunächst nur eine Antwort: Jeder Freier kann es gewesen sein. Doch nicht die Angst, unter Mordverdacht zu geraten, bereitete manchem Kunden der Frau in Frankfurts Stiftstraße schlaflose Nächte, sondern die Angst um den guten Ruf. Rosemarie Nitribitt bewahrte gern Visitenkarten auf und führte ein Adressbüchlein mit Telefonnummern. In diesem prüden Jahrzehnt konnte es manchen Politiker oder Geschäftsmann Stellung und Ansehen kosten, wenn sein Name in Zusammenhang mit der „Luxusdirne" genannt wurde. Im Prozess gegen den Handelsvertreter Heinz Pohlmann kam da manches zur Sprache.

Rosemarie Nitribitt kam aus Düsseldorf. Als 18-Jährige tauchte sie zum ersten Mal in Frankfurt auf, ab 1953 blieb sie in der Stadt, begann ihre Karriere als Tischdame, lernte einen reichen Mann aus Istanbul kennen, der ihr auch zu ihrem ersten Auto verhalf. Ein anderer Konzernherr hat sie wohl später finanziell unterstützt, sein Foto stand im Silberrahmen über ihrer Hausbar. Im Frühjahr 1956 bezog sie die elegante Zweizimmerwohnung in der Innenstadt, kaufte sich ein Mercedes-Coupé 190 SL, damals der Inbegriff der sportlichen Luxuskarosse. Das Image der „Lebedame" war perfekt. Als sie

starb, wurde ihr Vermögen auf 110 000 Mark geschätzt.

Es war noch kein Jahr nach ihrem Tod vergangen, da wurde „Das Mädchen Rosemarie" zum deutschen Allgemeingut. Im Sommer 1958 bereits drehte Rolf Thiele unter diesem Titel einen Film mit Nadja Tiller in der Hauptrolle. In Frankfurt wurde an den Originalschauplätzen gedreht, die Geschichte wie eine Moritat, garniert mit Songs à la Bert Brecht, erzählt. Ein Journalist riet: „Geht nicht hinein, liebe Leute!" Vergebens.

Ein gewisser Heinz Pohlmann, von Beruf glückloser Handelsvertreter, meldete sich kurz nach Bekanntwerden des Mor-

des bei der Polizei und erklärte, er habe Rosemarie Nitribitt gut gekannt und sei am Tag der Tat – Gutachter hatten sich inzwischen auf den 29. Oktober 1957 zwischen 15.30 und 16.20 Uhr geeinigt – in ihrer Wohnung gewesen. Die beiden waren gut befreundet, hatten aber kein Verhältnis miteinander. Die Polizei nahm Pohlmann in der Folgezeit unter die Lupe, glaubte auch, einige hieb- und stichfeste Tatmotive gefunden zu haben. Pohlmann hatte nach dem Tod der Rosemarie Nitribitt einige Schuldenbeträge beglichen und ihr Auto für 20 000 bare Mark gekauft. Am 5. Februar 1958 wurde ein Haftbefehl gegen Pohlmann erlassen, am 29. Dezember hob ihn die Strafkammer des Landgerichts Frankfurt wieder auf. Nur ein lückenloser Indizienbeweis hätte Pohlmann überführen können.

Am 11. März 1960 – fünfzehn Monate später also - erhob die Staatsanwaltschaft vor dem Schwurgericht Frankfurt Anklage wegen Mordes und Raubes von 18 000 Mark. Was in dieser Zwischenzeit an finanziellen Manipulationen im Zusammenhang mit Illustriertenberich-

ten und Zahlungen von Schweigegeld geschehen war, lässt sich kaum noch nachvollziehen. In einem Bericht hieß es, Pohlmann habe von einer Industriellen-Familie eine Million – später 250 000 Mark – gefordert, damit er ein Familienmitglied decke. Tatsache ist, dass eine begonnene Illustriertenseite nach vier Folgen abgebrochen wurde.

Als am 20. Juni 1960 der Pohlmann-Prozess begann, war die Stadt Frankfurt wieder ins Nitribitt-Fieber geraten. Der Film lief in den Kinos, die Menschen standen an den Kinokassen Schlange, an Stammtischen gab es kein anderes Thema. Journalisten durchstreiften die Nacht nach neuen Informationen. Einer berichtete gar seinen Lesern in Wien, er habe das Grab der Rosemarie Nitribitt auf dem Frankfurter Nordfriedhof besucht. Eine wahre Völkerwanderung sei da zugange gewesen. Was auch immer er in Frankfurt gesehen oder geträumt haben mag, Rosemarie Nitribitt ist auf dem Düsseldorfer Südfriedhof begraben. Auf ihrem Grabstein steht geschrieben: „Nichts Besseres darin ist denn Fröhlichsein im Leben." Am Rande des Pohlmann-Prozesses notierte der Frankfurter Journalist Richard Kirn: „Nachmittags tauchen Touristen in bunten Blusen und Hosen, Kameras umgehängt, im Gerichtssaal auf." Vierzehn Tage dauerte der Prozess. Vor den Richtern stapelten sich 24 Bände Hauptakten, ein Band Protokollabschriften, drei Pakete mit Nebenspuren und Beiakten zu Vorstrafen und Schuldverpflichtungen Pohlmanns. 79 Zeugen wurden vernommen. Am 12. Juli 1960 verkündete der Vorsitzende des Schwurgerichts das Urteil: Freispruch aus Mangel an Beweisen. Die Beweismittel, so hieß es in der Urteilsbegründung, hätten nicht ausgereicht, das Gericht von der Täterschaft zu überzeugen. Der Lebenskreis der Rosemarie Nitribitt habe Personen eingeschlossen, die weder der Zahl noch dem Namen nach hätten ermittelt werden können. Es blieb bei der Erkenntnis: „Jeder Freier kann es gewesen sein." Eine Beobachtung am Rande fanden wir in dem Beitrag „Ein klassischer Fall: Pohlmann – Nitribitt" von Johannes Warlo in einem Erinnerungsband an hundert Jahre Frankfurt Justiz. Da wird mitgeteilt, dass das Lehrverhältnis mit einem 17-jährigen Schlosserlehrling gelöst wurde, weil dieser in eine Erziehungsanstalt eingewiesen worden war. Der Grund: Umgang mit Rosemarie Nitribitt. Was waren das für Zeiten?

Quelle: Leweke, Wendelin: „Gretchen" und die Nitribitt. Frankfurter Kriminalfälle. Frankfurt am Main, 1991.

1957

Das Jahr im Überblick

Januar:

- In der „Freßgass'" fällt mit dem Haus „Zu den drei Hasen" eines der letzten alten Häuser für die neue breite Straße zwischen Hauptwache und Opernplatz.

Juli:

- 1.7.: An diesem Tag sind 87016 Kraftfahrzeuge in Frankfurt zugelassen – die Mopeds nicht gerechnet, die man auf 12000 schätzt. Am 1.7. 1950 waren es 32000.

August:

- 28.8.: Im Frankfurter Zoo wird das Exotarium eröffnet.

September:

- Zum ersten Mal werden Fußgänger unter den Boden verwiesen: An der Konstablerwache kann man nun einen Tunnel benutzen.
- 12.9.: Hans Zimmer (Komponist) wird in Frankfurt geboren.

Oktober:

- 15. – 18.10.: Internationaler Kongress für Städtereinigung mit Ausstellung von Kommunalfahrzeugen.

November:

- 1.11.: Das Mädchen Rosemarie wird ermordet aufgefunden. Frankfurt hat seinen „Fall Nitribitt". Der Täter ist bis heute unentdeckt.
  Bereits 1958 drehte Rolf Thiele an Originalschauplätzen einen Film zum Mordfall mit Nadja Tiller in der Hauptrolle, der 1960 zum Kassenschlager wurde.
- Im Hauptbahnhof fährt die erste Elektrolok ein.

5. Die ersten Schritte
ins Berufsleben

In den fünfziger Jahren wurde das Angebot an Lehrstellen und
Arbeitsplätzen im Vergleich zu den Jahren vor und nach dem
Krieg breiter. Erstmals konnten sich Jugendliche überlegen,
was sie werden wollten. Gertrud Füller zog es ins Büro, sie
wurde Bilanzbuchhalterin.

Kurt Henkel (Zweiter von rechts) arbeitete in den fünfziger Jahren als Taxifahrer in Frankfurt. „Wir waren im In- und Ausland bekannt und genossen einen guten Ruf. Selbst in Südamerika sagte man, wenn man nach Deutschland fuhr: Wenn Du ein Problem hast, frage einen Taxifahrer in Frankfurt."

Für viele junge Menschen begann nach dem Krieg schnell die Berufstätigkeit. Denn viele Familien konnten es sich nicht leisten, ihre Kinder länger auf die Schule zu schicken, damit sie ihren Abschluss machten. Wer keine Lehrstelle bekam, versuchte anderweitig Geld zu verdienen.

Dieter Gräbner, Jahrgang 1939, heute Journalist und Buchautor, beschreibt seine beruflichen Anfänge so: „Ich wollte Journalist werden. Bei der Zeitung, bei der ich mich vorstellte, sagte mir ein netter älterer Herr: ‚Bub, lern erst mal was.' Ich bewarb mich etwa 50 Mal um eine Lehrstelle. Meine Noten waren einfach zu schlecht. Dann klappte es doch. Bei Union Transport hinter der Großmarkthalle. Meine Konkurrenten waren mit ihren Eltern gekommen, im Konfirmationsanzug. Ich war allein, saß

„Korrekt gekleidet und immer mit Mütze warteten sie auf Fahrgäste, für die sie manchmal Blitzableiter, Dienstmann, Tröster und Mann für alle Fälle waren", erinnert sich Henkel ...

... und erzählt weiter: „In den fünfziger Jahren wurde das Stadtbild noch stark von den amerikanischen Besatzern geprägt. Sie stellten auch einen großen Teil der Fahrgäste, bei denen man aber in der Nacht auch mal ein mulmiges Gefühl bekam. Leider gab es ab und zu Überfälle, die auch den Tod manches Taxifahrers zur Folge hatten. Am Frankfurter Hauptbahnhof war immer was los. Wie schrieb doch die ‚Nachtausgabe' damals: ‚Nutten – Penner – Taxifahrer' und schilderte die Situation dort. Und doch möchte man die Zeit nicht missen."

Christine Bünz (heute Wimmel) kam 1948 nach Frankfurt. Ab 1954 half sie ihrer Mutter in der Pension, da war sie noch nicht einmal 17 Jahre alt: „Ich erinnere mich, dass mich meine Mutter öfters ins Insel Hotel (neben dem Frankfurter Hof) schickte, um dem dortigen Portier zu melden, dass wir noch Zimmer frei hätten. Ich war damals 16 Jahre alt, trug mein Konfirmationskleid, Lackschuhe und Nylonstrümpfe, um älter und seriöser auszusehen. Oft begleitete ich Gäste zu unserer Pension und trug deren Gepäck. Der Portier bekam als Entgeld drei Mark."

Jetzt können die Gäste kommen: Christine Bünz mit ihrer Mutter vor der neu eröffneten Pension „Am Römer".

mürrisch da in meiner Lederjacke und mit meinem miesen Zeugnis und dachte: Das wird wieder nichts. Und dann nahmen die mich doch. Später erfuhr ich, dass die Sekretärin dem Chef gesagt hatte: ‚Der ist selbstständig. Der ist alleine gekommen.'

Ich bekam 57 Mark Lehrlingsgehalt im ersten Jahr, hatte aber bald reichliche Nebeneinkünfte. Es waren goldene Zeiten für Leute mit Fantasie und Unternehmungsgeist. Ich erledigte nebenher die Zollformalitäten für mehrere Im- und

Exportfirmen in der Niddastraße, wo die Kürschner, die Veredler und die Pelzhändler sich angesiedelt hatten. Die Rauchwarenbranche boomte. Jede Frau wollte mindestens einen Persianer, aber lieber noch einen Griesfuchs oder einen Nerz spazieren tragen. Haste was, biste was, hieß es schon damals. Meine Kunden waren die kleineren Händler und Importeure, denen die renommierten Fach-Speditionen zu teuer waren. Bezahlt wurde ich bar. Und ohne Quittung."

Wolfgang Bagus kam als 15-jähriger gebürtiger Hamburger 1952 nach Frankfurt, um eine Lehre als Maurer anzutreten. „Ich wohnte damals im Gesellen-Kolpinghaus – genannt Karlshaus – in der Seilerstraße. Meine erste Baustelle als ‚Stift' war in der Hermannstraße. Es war ein Trümmergrundstück, auf dem die Trümmer erst noch ganz beseitigt werden mussten, bevor der Neubau begann. Überhaupt war das Gelände zwischen Eckenheimer Landstraße und Oederweg zum Teil noch eine große Trümmerwüste. Es war unter anderem meine Arbeit, die nicht beschädigten Ziegelsteine vom alten Mörtel zu befreien, um sie beim Mauern für den Neubau wieder zu verwen-

In diesen Zimmern in der Pension „Am Römer" fühlten sich die Gäste wohl. Die Mutter von Christine Bünz eröffnete sie 1954.

den. Auf der Baustelle herrschte ein rauher, aber zuweilen auch herzlicher Ton. Die Poliere, Vorarbeiter und Maurer waren alles alte Haudegen. Die meisten älteren Kollegen waren Teilnehmer im Zweiten Weltkrieg gewesen, so dass das Hauptthema oft die Erlebnisse im Krieg oder in der Kriegsgefangenschaft waren."

Auch für die Mädchen begann die Berufstätigkeit sehr früh, oft mussten sie ihre Familien miternähren: Der gebürtigen Leipzigerin Christine Wimmel, geb. Bünz, die 1948 an den Main kam, erging es ähnlich: „Wir wohnten zunächst in einer halbzerbombten Wohnung in der Biebergasse 13

(heute Hugendubel). Da wir mittellos waren, lernte ich früh, mit der Adler-Nähmaschine meiner Mutter umzugehen, um mir Kleider und Röcke zu nähen. Ich erinnere mich an die Frauenzeitschrift ‚Constanze', deren Schnittbögen ich herausradelte, um Kleider zu schneidern. 1955 nahm ich an einer Amateurmodenschau teil und gewann mit meinem selbst genähten Tanzstundenkleid den zweiten Preis, einen Handstrickapparat.

1955 ging ich zur Werkkunstschule Offenbach (heute Hochschule für Gestaltung). Ich hatte die Aufnahmeprüfung bestanden, obwohl ich das Mindestalter von

In der Sitzecke am großen Tisch in der Pension „Am Römer" war Platz für mehrere Gäste.

Eng, aber gemütlich: Auf den Tischen aller Zimmer stand eine Vase mit Blumen.

Die Vorhänge und der Stuhlbezug im Zimmer waren im gleichen Muster. Typisch für die Zeit: die einarmigen Tischlampen mit dem flachen Schirm.

Insgesamt gab es vier Doppel- und zwei Einzelzimmer in der Pension der Familie Bünz in der Berliner Straße 36.

17 noch nicht erreicht hatte. Die zwei Semester in Offenbach gehören zu meinen schönsten Erinnerungen, Studienaufenthalt in der Jugendherberge Laubach (Oberhessen) und Italien (Chiavari, südlich von Genua). Für Italien konnte mir meine Mutter kein Geld geben, sie hatte es einfach nicht. Also arbeitete ich in den Ferien in der Gurkenfabrik Harthertz im Ostend und stand vier Wochen am Fließband, um Gurken in die Gläser zu stopfen. Zusätzlich hatte ich das Glück, als Theaterstatistin

ausgewählt zu werden und stand zur gleichen Zeit vier Wochen lang abends auf der Bühne im Karmeliterkloster. Es gab das ‚Große Welttheater' von Hugo von Hofmannsthal. Noch heute kann ich Teile des Stücks auswendig.

Nachdem die Altbauten in der Biebergasse abgebrochen wurden, eröffnete meine Mutter 1954 eine Pension in der Innenstadt. Sie nannte sie ‚Pension am Römer', Berliner Straße 36, gegenüber dem Eingang zur Kleinmarkthalle. Die Räumlichkeiten

1957 verkaufte Christine Bünz auf den Messen Getränke. „Ich stand im weißen Kittel an einem Verkaufsstand oder lief mit Tragegestellen durch die Hallen, laut meine 7up-Flaschen anpreisend." Sie kosteten damals 50 Pfennig.

(vier Doppel-, zwei Einzelzimmer und ein großes Zimmer für meine Mutter, Schwester und mich) wurden von der Frankfurter Aufbau AG gemietet. Einen Kredit bekam meine Mutter von der Frankfurter Stadtsparkasse auf Grund einer Bürgschaft der Frankfurter Stadtverordnetenversammlung. Der damalige Bürgermeister Dr. Walter Leiske (Vertreter des legendären Oberbürgermeisters Walter Kolb) kam wie wir aus

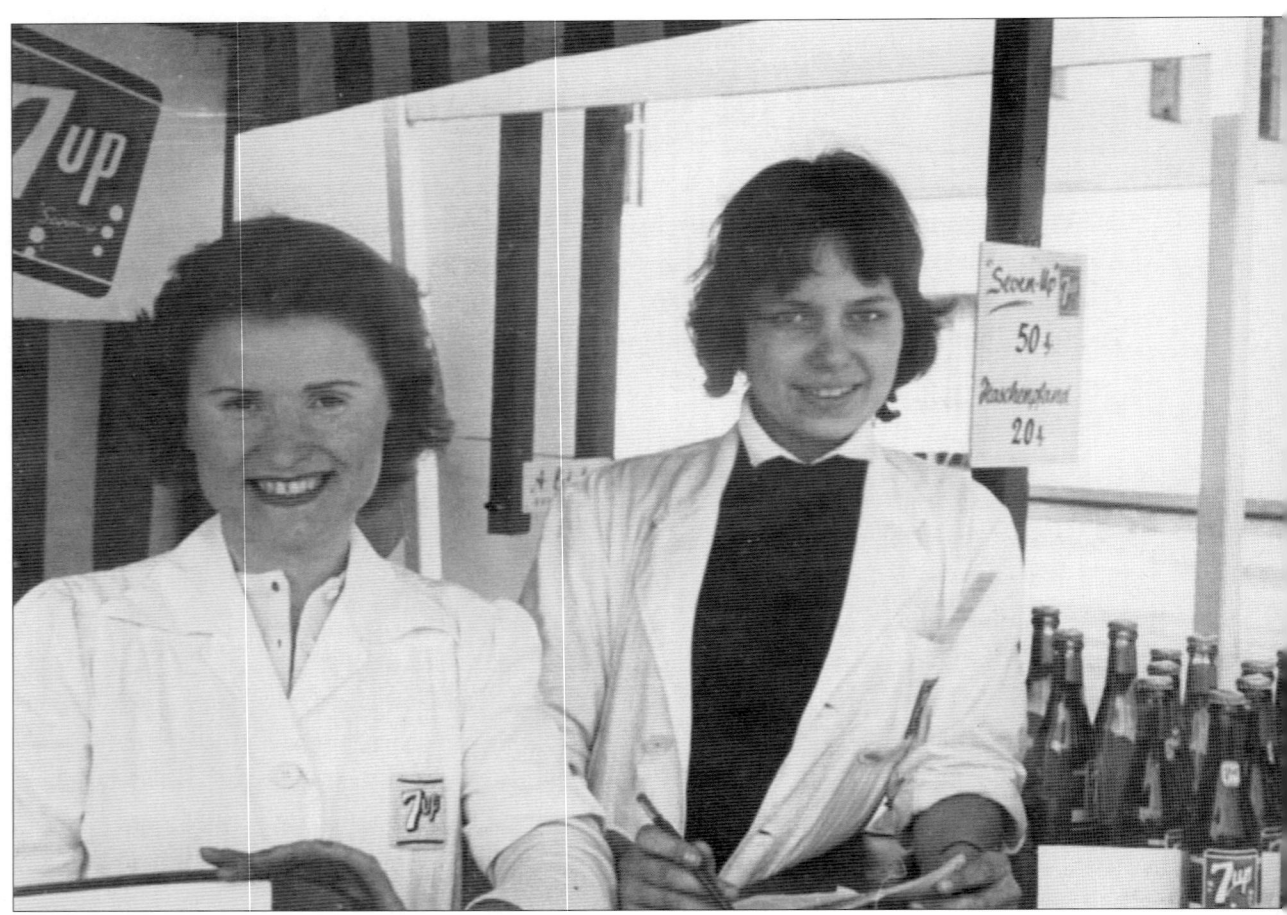

Als Fotomodell vor oder in den neusten Automodellen waren Frauen schon immer gefragt – auch wenn die Wagen meist nur von Männern gefahren wurden. Christine Bünz posierte für die Presse im Goggomobil...

Leipzig, und bei ihm wurde meine Mutter vorstellig. Ihre guten Zeugnisse vom Leipziger Ratskeller und ihre Bitte um die Bürgschaft für einen Kredit für eine neu zu eröffnende Pension veranlassten ihn, eine solche Bürgschaft zu empfehlen.

Mit der Zeit hatten wir in unserer Pension viele Stammkunden, hauptsächlich für die vielen Messen und Ausstellungen, sowie Juden, die aus dem Exil zurückkehrten und bei uns eine erste Bleibe fanden. Im Dezember 1956 passierte das Unvorstellbare. Meine Mutter starb im Alter von 48 an

Magenkrebs im Bürgerhospital. Noch im September 1956 hatte ich sie zu dem langen Trauerzug durch die Innenstadt anlässlich des Todes des beliebten Oberbürgermeisters Kolb begleitet. Meine Mutter ahnte nicht, dass sie drei Monate später das gleiche Schicksal ereilen würde. Meine Schwester Antje (15) und ich (17) standen vor dem Nichts. Eine Pension mit Schulden und Mietzahlungen in der Frankfurter Innenstadt. Also verließ ich die Offenbacher Werkkunstschule. Wir versuchten, die Pension weiterzuführen, und in den Todesan-

... auch wenn sie mit 1,73 Metern schon reichlich groß war für den Kleinwagen.

zeigen teilte ich das unseren Stammkunden mit. Wie die Steuererklärungen auszufüllen seien, hatte mir meine Mutter noch erklärt. Vor ihrem Tod hatte meine Mutter noch die 17-jährige Irene eingestellt. Wir drei Mädchen managten die Pension. Wissend, dass man in diesem Alter keine Pension führen darf, sorgte ich dafür, nicht unangenehm aufzufallen und alles pünktlich zu bezahlen. Am 12. 6. 1957 wurde ich 18 und ließ mich frühzeitig als ‚volljährig‘ erklären. Unsere Pension hatte eine Neon-Reklame zur Markthalle und einen Lichtkasten zur Berliner Straße hin. Jeder konnte also bei uns klingeln und nach Zimmern fragen. Um kein Risiko einzugehen – wir waren extrem vorsichtig – ließen wir oft lieber Zimmer leer stehen, als dubiose Leute einzulassen.

Aus akutem Geldmangel jobbte ich auf den Frankfurt Messen und den Internationalen Automobilausstellungen. Während ich auf der Herbstmesse 1957 Nähmaschinen vorführte, kam Wirtschaftsminister Ludwig Erhard vorbei. Auf der Automobilausstellung 1957 staubte ich für 50 Mark am Tag bei der Firma Glas die Goggomobile ab und verteilte Prospekte. Wenn die Presse oder das Fernsehen kamen, musste ich mich zur Verfügung stellen. Bei meiner Größe von 1,73 Metern, hohen Absätzen und engem Rock (wie es der damaligen Mode entsprach) war das fernsehgerechte Einsteigen in ein Goggomobil eine echte Herausforderung.

Die Pension ‚Am Römer‘ führten meine Schwester Antje und ich erfolgreich ein paar Jahre weiter. Reich wurden wir nicht, aber wir hatten ein Dach über dem Kopf und vor allem eine Aufgabe.“

1958

Januar:

- In einer Villa am Schaumainkai in Frankfurt eröffnet die Post das Bundespostmuseum.
- Erstes „kritisches Experiment" im Forschungsreaktor des Instituts für Kernphysik der Universität auf dem Rebstockgelände.

März:

- 24.3.: Roland Koch (heute Ministerpräsident von Hessen) wird in Frankfurt geboren.
- Vor dem I.G.-Hochhaus, dem Hauptquartier des V. Corps der Amerikaner, wird zum ersten Mal auch die deutsche Flagge gehisst.

April:

- 25.4.: Erstmals landet eine Düsenmaschine auf dem Flughafen – eine sowjetische Tupolew Tu-104, in der der stellvertretende sowjetische Ministerpräsident Anastas Mikojan anreist.

Mai:

- Mit Staubkanonen kämpfen die Frankfurter Forstleute im Stadtwald gegen Maikäferschwärme.

Mit 16 Jahren wirkte Gertrud Füller, damals kaufmännischer Lehrling, schon sehr erwachsen. Für manche Kinder war die Schulzeit noch früher vorbei. Einige begannen schon mit 14 Jahren ihre Lehrzeit oder arbeiteten völlig ohne Ausbildung.

Juni:
- Demonstrationszüge und eine große Kundgebung des Ausschusses „Kampf dem Atomtod" bringen den Berufsverkehr in der Innenstadt zum Erliegen.
- Frankfurts neue Fleischgroßmarkthalle wird in Betrieb genommen. Sie ist zugleich der erste nur für diesen Zweck geschaffene Bau in der Bundesrepublik. Die Gesamtfläche der 75 m langen Halle beträgt 1300 Quadratmeter. An 112 Hakenreihen mit je 21 bzw. 25 Doppelhaken wird das Fleisch aufgehängt.

September:
- 13.9.: Zum 150. Mal jährt sich der Todestag von Frau Aja, der Mutter Goethes. Die Gesellschaft Freies

Deutsches Hochstift legt am Todestag von Frau Aja an deren Grab einen Kranz nieder. In der Aula der Universität hält Pfarrer Albrecht Goes die Gedenkrede. Am gleichen Tag eröffnet man im Goethehaus eine Ausstellung von Frauenhandschriften der Goethezeit.

- Der Frankfurter Arbeitsmarkt ist durch eine nahezu restlose Ausnutzung der vorhandenen Arbeitskräfte gekennzeichnet. Im September sind im Arbeitsbezirk Frankfurt 430 288 beschäftigte Arbeiter, Angestellte und Beamte registriert; gegenüber dem gleichen Monat des Vorjahres hat sich die Beschäftigtenzahl um 11 881 erhöht. Gleichzeitig ist die Zahl der Arbeitslosen auf den bisher kaum für möglich gehaltenen Stand von 3165 abgesunken.

Oktober:

- Elvis Presley besucht Bill Haley während dessen Europatournee bei einem Konzert in Frankfurt in der Garderobe. In der Konzerthalle wäre sonst ein Tumult entstanden.

Was sonst noch in Frankfurt wichtig war:

- Der Frankfurter Zoo wird 100 Jahre alt und erwirbt Gelände zur Erweiterung.
- Alljährlich zum Sachsenhäuser Brunnenfest vollendet das Kulturdezernat der Stadt die Wiederherstellung eines historischen Brunnens. Rechtzeitig zur Sachsenhäuser Kerb 1958 wird der „Affentor-Brunnen" erstellt und angeschlossen. Am Affentor, das seinen Namen von dem nahen Eckhaus „Zum Affen" hat, ist bereits 1397 ein städtischer Brunnen bezeugt.
  In diesem Zyklus sind bis jetzt renoviert: der Hirschbrunnen, der Ritterbrunnen, der Paradiesbrunnen und der Dreikönigsbrunnen.

„1953 war ich der erste weibliche Lehrling in einer Männer-Domäne. Mir ging es sehr gut", erzählt Gertrud Füller, die eine kaufmännische Ausbildung bei der Firma „Autodienst Frankfurt" von Rudolf Hermani in der Eckenheimer Landstraße machte.

1954 trat Gertrud Füller einem christlichen Jugendkreis bei. Im ,Lydia-Haus', einem Altenheim in der Friedberger Landstraße, lernte sie Marburger Diakonissinnen kennen, die das Heim leiteten. Mit knapp 20 Jahren schloss sie sich den Schwestern an.

Nach dem vollen Erfolg der ersten provisorischen Messe nach dem Krieg wurden in den fünfziger Jahren Frühjahrs-, Herbst-, Buch- und Automobilmessen zum Renner. Die Menschen strömten auf das Gelände. „Damals war der Eingang dort, wo heute der Messeturm steht", erinnert sich Kurt Reimann.

Ludwig Erhard – Symbol der goldenen Epoche

Als Ludwig Erhard am 5. Mai 1977 im Alter von 80 Jahren starb, dürften sich viele voller Wehmut an vergangene Zeiten erinnert haben. Denn Ludwig Erhard gilt vielen Bundesbürgern noch immer als der Initiator des glanzvollen wirtschaftlichen Nachkriegsaufschwungs, als Symbol jener goldenen Epoche der vollen Auftragsbücher, des Arbeitskräftemangels, des ungebrochenen Glaubens an die Expansion. Nur zu gerne erinnert man sich an „den Vater des Wirtschaftswunders", an den Politiker, dessen dicke Zigarren einst in der Welt genauso berühmt waren wie die Churchills. Sein Ruhm stammt dabei hauptsächlich aus jenen 14 Jahren, in denen er in Bonn im Schatten Konrad Adenauers stand. Damals wurde der dynamische Wirtschaftspolitiker in den Augen der Welt zum deutschen Markenartikel und den Bürgern der Bundesrepublik zum Symbol für die eigenen Leistungen sowie zum Garant für eine sichere Zukunft. Der Kaufmannssohn aus Fürth studierte zunächst Ökonomie und machte sich als Wissenschaftler einen Namen. Die Amerikaner ernannten ihn 1945 zum Wirtschaftsberater, in Frankfurt bereitete er für sie zwei Jahre später als Vorsitzender der „Son-

derstelle Geld und Kredit" die Währungsreform vor. Als Direktor der Verwaltung für Wirtschaft begann er schließlich, seine wirtschaftspolitische Konzeption der „sozialen Marktwirtschaft" in die Tat umzusetzen. 1949 fand er den Weg zur CDU, kandidierte zunächst in Ulm, wurde dann Wirtschaftsminister unter Konrad Adenauer und bestimmte maßgeblich den wirtschaftlichen Wiederaufstieg Deutschlands zu einer führenden Industrie- und Handelsmacht. Seine starke Stellung im Kabinett wurde 1957 durch die Ernennung zum Vizekanzler unterstrichen. Nach dem Rücktritt Adenauers wurde Erhard im Oktober 1963 Bundeskanzler. Nach dem Zerbrechen der CDU/FDP-Koalition trat er drei Jahre später zurück und wurde von Georg Kiesinger abgelöst. Erhard blieb weiter Mitglied des Bundestags und eröffnete diesen 1976 als Alterspräsident. Zu seinem 80. Geburtstag am 4. Februar 1977 wurde er noch einmal als Begründer des Wirtschaftswunders und der sozialen Marktwirtschaft geehrt. Insgesamt erhielt Ludwig Erhard 23 Doktorhüte; eine Stiftung und eine Gedenkmedaille tragen seinen Namen.

Seit 1948 werden in Frankfurt wieder
Messen abgehalten, damals allerdings
noch provisorisch in Zelten und
Baracken. Die Frühjahrsmesse 1952
findet dagegen schon in neu gebauten
Pavillons statt.

Die ersten Schritte ins Berufsleben

Schon zur Frühjahrsmesse 1951 strömten die Besucher zahlreich auf das Messegelände.

Die ersten Schritte ins Berufsleben   191

Die ersten Messen nach dem Krieg

Auch wenn Frankfurt bereits seit dem Mittelalter ein bedeutender Messeplatz war, im Laufe des 19. Jahrhunderts hatte die Frankfurter Messe ihre einst herausragende Stellung an Leipzig verloren. Nach dem Zweiten Weltkrieg war ein völliger Neubeginn nötig. Im Jahr 1946 nahm die städtische Messe- und Ausstellungs-GmbH ihre Arbeit wieder auf. Kurz darauf verkündete der neu gewählte Oberbürgermeister Walter Kolb in einer Rundfunkansprache, dass Frankfurt wieder regelmäßige große Messeveranstaltungen plane. Es dauerte noch bis zum 3. Oktober 1948, bis die erste Nachkriegsmesse auf 35 000 Quadratmetern mit rund 1800 Ausstellern – vom Maschinenbau über die Textilindustrie bis hin zu Pelzwarenherstellern – stattfinden konnte. Fast 300 000 Besucher kamen, obwohl die Messe nur zwei Tage fürs Publikum geöffnet war. Die Zeitungen schwärmten von einem vollen Erfolg. Daraus entwickelten sich in den Folgejahren die Früh-

Kurt Henkels Bild aus dem Jahr 1953 zeigt das Verwaltungsgebäude der Messe. Es entstand während der Frühjahrsmesse.

Die Internationale Automobilausstellung zeigte in Frankfurt anfangs Pkw und Nutzfahrzeuge wie Lkw oder Busse zusammen. 1989 gab es die letzte gemeinsame Messe, dann wurden beide Sparten getrennt, die IAA Nutzfahrzeuge findet seitdem in Hannover statt.

jahrs- und Herbstmesse; die Pelzwaren- und die Buchmesse bekamen Anfang der fünfziger Jahre einen festen Termin im Messekalender. 1951 übersiedelte auch die Internationale Automobilausstellung nach Frankfurt. Im selben Jahr wurde die Internationale Fahrrad- und Motorradmesse ins Programm aufgenommen. Die Frankfurter Neue Presse berichtete im September 1950, die Frankfurter Messe habe sich binnen zwei Jahren im Ausland als die internationale deutsche Messe etabliert. Die Messen umfassten mehr als 30 Branchen, die überwiegend Konsumgüter vertrieben.

Kurt Henkel erinnert sich: „Die erste Automobilausstellung nach dem Krieg in
Frankfurt 1951 läutete die neue Ära im Automobilbau ein. Kässbohrer brachte
seinen ‚Setra‘ (selbsttragende Karosserie) auf den Markt und alle Fahrzeugher-
steller glänzten mit Neuerscheinungen. Kurz darauf begann der Boom auf einen
fahrbaren Untersatz in der Bevölkerung. Egal ob Motorrad oder Auto, knattern
und fahren musste es.“

Der Firmeninhaber Alfred Burger zeigt stolz sein Fahrradlager im Keller der Bornheimer Landstraße 6. Das Bild entstand um das Jahr 1959.

Christian Burger war 13, als er als Lehrling nach acht Jahren Volksschule in den elterlichen Motorrad- und Fahrradhandel eintrat. Den hatten seine Eltern zwei Jahre zuvor, im Jahr 1953, in der Bornheimer Landstraße 6 eröffnet. Das Foto zeigt seinen Vater

Alfred Burger (links). „Damals wurde man alles los, Kinderwagen, Fahrräder, die Leute haben es ihm aus der Hand gerissen", erzählt Christian Burgers Witwe Erika.

Hinten im Hof gab es eine Reparaturwerkstatt, in der Fahrräder, Mopeds und Kinderwagen repariert wurden. Ein Freund von Christian Burger erinnert sich: „Als ich klein war – da hat er mir mein Fahrrad immer wieder mal außer der Reihe repariert, auch wenn der Hof mit hunderten von Rädern vollgepackt war."

1959

Das Jahr im Überblick

April:

- Der Neubau für die Deutsche Bibliothek, welche das gesamte, nach dem Krieg erschienene Schrifttum sammelt, inventarisiert und bibliographisch verzeichnet, wird eingeweiht.
- 2.4.: Erstes Düsenflugzeug Frankfurt – Fernost: Der Frankfurter Flughafen wird als erster deutscher Flughafen in den planmäßigen internationalen Luftverkehr mit Düsenflugzeugen einbezogen.

Mai:

- 24.5.: Maria Menneghini-Callas hat ihre Deutschland-Tournee mit einem Konzert im Kurhaus Wiesbaden beendet. 2000 Besucher überschütten die Primadonna mit jubelnden Ovationen. Anfang und Ende ihrer Reise: Frankfurt am Main.

Juni:

- 28.6.: Die Frankfurter Eintracht wird Deutscher Meister. 300 000 feiern

elf Helden bei einem 5:3 gegen den Lokalrivalen Kickers Offenbach.
- Von jetzt an werden Verkehrssünder mit Radar „geblitzt".

Dezember:

- 3.12.: Die Abteilung Eisstockschie-ßen ist neue Unterabteilung der Frankfurter Eintracht.

Was sonst noch in Frankfurt wichtig war:

- Prof. Albert Schweitzer, Prof. Otto Hahn und Theodor Heuss werden Ehrenbürger der Stadt.
- Nach dem Tod von Peter Suhrkamp 1959 übernimmt Siegfried Unseld als alleiniger Verleger den Suhrkamp Verlag.

Bildnachweis

Christine Wimmel, geb. Bünz: Seite 10, 116/117, 143, 145, 174–180

Kurt Reimann: Seite 13, 15–18, 20–59, 62, 63, 66, 120, 128/129, 136–139, 152/153, 186–191

Gisela Hess: Seite 14, 96 oben

Friedrich Büchner: Seite 19 oben und unten

Ilse Hellwig: Seite 61, 82, 148–151

Sibylle Nicolai: Seite 64 oben und unten, 74

Renate Söhns-Osterwalder: Seite 65

Monika Rau: Seite 67-69 oben, 79, 85

Erika Burger: Seite 69 unten, 77, 95, 96 unten, 195–197

Ingrid Kroner: Seite 70 oben, 83, 110, 114

Gertrud Füller: Seite 70 unten, 72, 97, 101, 102–109, 125 oben, 126–127, 140, 171, 183–185

Bernd Wolter: Seite 71, 73

Renate Eckert: Seite 75

Ursel Torff: Seite 76, 78, 124, 125 unten, 132, 134 oben, 141

Juliane Zollmann: Seite 89

Gerhard Glücklich: Seite 90, 91, 94

Elke Zahn: Seite 92/93

Winfried Fügner: Seite 98

Karin Lattemann, geb. Schmitt: Seite 99 oben und unten, 100 oben

Sylvia Meusel, geb. Wehner: Seite 100 unten, 111, 115, 121–123, 135, 157 unten

Kurt Henkel: Seite 119, 154, 156, 157 oben, 172–173, 192–194

Ute und Hans-Jörg Pamp: Seite 131, 133, 134 unten, 155

Archiv der Frankfurter Neuen Presse: Seite 160, 165, 166

Literatur:

Walter Bendix, Studien zur Frankfurter Geschichte – Die Hauptstadt des Wirtschaftswunders, Frankfurt am Main 1945–1956, Frankfurt am Main, 2002.

Monika Carbe, Was war los in Frankfurt 1950–2000, Erfurt 2000.

Günter Mick (Hg.), Frankfurt. Streifzüge durch das zwanzigste Jahrhundert, Frankfurt am Main, 2002.

Silvia Weber, Alltag in Frankfurt „Ageplackte und annere" 1900–1960, Erfurt 2000.